EXPLICANDO
Los pasos fundamentales para llegar a ser un cristiano

EXPLICANDO
Los pasos fundamentales para llegar a ser un cristiano

DAVID PAWSON

ANCHOR RECORDINGS

Copyright © 2018 David Pawson

El derecho de David Pawson a ser identificado como
el autor de esta obra ha sido
afirmado por él de acuerdo con la
Ley de Copyright, Diseños y Patentes de 1988.

Traducido por Alejandro Field

Esta traducción internacional en español se publica por primera vez
en Gran Bretaña en 2018 por
Anchor Recordings Ltd
DPTT, Synegis House, 21 Crockhamwell Road,
Woodley, Reading RG5 3LE

Ninguna parte de esta publicación podrá ser reproducida o transmitida
de ninguna forma o por ningún medio, electrónico o mecánico,
incluyendo fotocopia, grabación o ningún sistema de almacenamiento
o recuperación de información, sin el permiso previo
por escrito del editor.

**Si desea más del material de enseñanza de David Pawson,
incluyendo DVDs y CDs, vaya a
www.davidpawson.com
PARA DESCARGAS GRATUITAS
www.davidpawson.org
Libros de David Pawson disponibles de
www.davidpawsonbooks.com
info@davidpawsonministry.org**

ISBN 978-1-911173-51-9

Índice

1. Nacer de nuevo — 9
2. Arrepentirse de sus pecados hacia Dios — 27
3. Crecr en el Señor Jesús — 43
4. Ser bautizado en agua — 59
5. Recibir el Espíritu Santo — 77
6. Salvado finalmente — 93

Notas — 111

Este libro está basado en una charla. Al tener su origen en la palabra hablada, muchos lectores encontrarán que su estilo es algo diferente de mi estilo habitual de escritura. Es de esperar que esto no afecte la sustancia de la enseñanza bíblica que se encuentra aquí.

Como siempre, pido al lector que compare todo lo que digo o escribo con lo que está escrito en la Biblia y, si encuentra en cualquier punto un conflicto, que siempre confíe en la clara enseñanza de las escrituras.

David Pawson

1

NACER DE NUEVO

Tal vez la pregunta más fundamental que alguien podría hacer es: ¿Cómo puedo comenzar la vida cristiana y convertirme en un cristiano? ¿Cómo puedo nacer de nuevo?

Al aconsejar a muchos cristianos, he aprendido a no empezar por discutir los problemas que me han traído. Ahora digo a alguien que necesita un consejo: "Dígame cómo comenzó la vida cristiana, cómo fue su conversión". Entonces escucho con mucha atención y averiguo si la persona ha tenido una "partera" buena o mala cuando se convirtió, si todo lo que debería hacerse por un bebé fue hecho, y si ha nacido de nuevo plenamente. Es que el nacimiento afecta la vida. Un mal nacimiento puede producir un bebé enfermizo, poco saludable, y debe evitarse un nacimiento prolongado y doloroso, en lo posible. Pero cuando miro atrás a mi experiencia cristiana, me llevó diecisiete años obtener todo lo que debería haber sido hecho por mí cuando me convertí. No debería requerir ni siquiera diecisiete horas. Hasta podría hacerse en diecisiete minutos, si uno tiene una "partera" experimentada.

Espero que usted tenga la oportunidad de guiar a alguien a Cristo. Lo que haga por esa persona en ese momento afectará toda su vida cristiana. La forma en que comenzamos traza un rumbo para nosotros para el resto de nuestra vida. Además, para la mayoría de nosotros, nuestra conversión ha sido la mayor influencia en la vida cristiana.

Hay demasiados nacimientos apresurados, con cristianos que nacen mal, que tienen un parto malo. Y lo asombroso que he encontrado es que, si retrocedemos y arreglamos el principio, entonces el problema con el que ha venido la persona disminuye, o dirá: "Sabe, creo que puedo tratar el problema por mi cuenta ahora". Para usar otra metáfora, es como si no estuvieran funcionando con los cuatro cilindros. La mayoría de los coches que he tenido tenían cuatro cilindros y cuatro bujías. La vida cristiana comienza con cuatro pasos hacia la vida, hacia el nuevo nacimiento, y si no se dan todos entonces es como manejar un coche con tres cilindros, o aun dos. Uno puede mantener el coche en funcionamiento con tres bujías, pero cuando aparece una colina parece demasiado empinada. Uno puede mantener el coche funcionando con dos bujías, siempre que esté barranca abajo y con el viento atrás. Hay cristianos que andan a los tumbos porque no andan con los cuatro cilindros.

Hay cuatro cosas que tienen que pasar con todo bebé. El nacimiento físico es un proceso. Fui a una partera y le pedí que me dijera todo lo que había que hacer para un bebé en un nacimiento físico. ¡Desearía no haberle preguntado! Trajo cuatro hojas escritas a máquina con todos los detalles. No tenía idea de que fuera tan complicado solo entrar en este mundo, pero ahora lo sé. Le pregunté: "¿En qué momento nace un bebé?".

Contestó: "Es una cuestión debatible. Algunos dicen que es cuando el feto emerge del cuerpo de la mamá. Algunos, que la vida comienza cuando se corta y ata el cordón umbilical. Otros dicen que es cuando el bebé inspira por primera vez y llora".

Dije: "Eso ocurre generalmente con la imposición de manos, ¿no es cierto?".

Ella asintió. "La cuestión importante no es preguntar en qué instante nace el bebé, sino asegurarse de que esté plenamente vivo, y que todo lo que debería haberse hecho por él ha sido hecho".

Eso me lleva a mi tema. Cuando Jesús dijo que uno debe nacer de nuevo, estaba enseñando que lo que ocurre para empezar su vida espiritual tiene alguna especie de paralelo con lo que ocurrió cuando usted comenzó su vida física. Así como todas esas cosas deben hacerse en el nacimiento físico, necesita hacerse algo equivalente en un nacimiento espiritual. Por ejemplo, cortar y atar el cordón umbilical equivale al arrepentimiento, que pone fin al pasado. Corta a una persona de lo que la ata a su existencia previa.

Lavar al bebé es importante, eliminando todos los restos de su existencia previa para que comience limpio. Esto es equivalente al bautismo en la vida nueva. Imponer las manos al bebé para que llore equivale a imponer las manos a un bebé espiritual para que pueda inspirar el Espíritu Santo y clamar en el Espíritu. El primer llanto le dice que hay una vida presente. Hay, entonces, un paralelo.

Este paralelo está basado en el Nuevo Testamento, pero he descubierto que muchas personas están llevando a otras a Cristo sin usar el lenguaje del Nuevo Testamento, y esto es un hecho significativo. Cuando nos alejamos del lenguaje de la Biblia, por lo general significa que nos estamos alejando de los principios de la Biblia y el pensamiento de la Biblia. Nos hemos habituado a usar toda clase de eufemismos en reemplazo de frases bíblicas. Por ejemplo, hablamos de personas que "toman una decisión por Cristo". Hablamos de personas que "toman un compromiso". Hablamos de personas que "abren su corazón a Jesús". Hablamos de personas que "reciben a Cristo en su vida". Ninguna de estas expresiones se encuentra en el Nuevo Testamento. Todo ha sido producto de nuestra imaginación. Como nada de esto pertenece a esta parte de la Biblia, en realidad nos estamos alejando del pensamiento del Nuevo Testamento.

Por esta razón me gusta permanecer dentro del lenguaje del Nuevo Testamento. Permítame darle una ilustración. Un pastor una vez me preguntó en un seminario: "David, ¿usted cree en ser muerto en el Espíritu?".[1]

"Por supuesto que lo creo", contesté. "Es bíblico. Ananías y Safira fueron muertos en el Espíritu, y si usted quiere repetir la experiencia todo lo que tiene que hacer es mentir acerca de su ofrenda y tener a Simón Pedro como su pastor. Entonces también podrá ser muerto en el Espíritu". ¡No quiso saber nada más! Es que estaba usando una frase que no podemos encontrar en el Nuevo Testamento, y esto lo lleva por un camino que se aparta de la verdad.

De modo que yo vuelvo al lenguaje del Nuevo Testamento y, a través de él, a lo que piensa acerca del nuevo nacimiento. Permítame darle otra ilustración. Tiene que haber escuchado sermón tras sermón sobre el texto: "Tienes que nacer de nuevo". Ahora bien, Jesús dijo que nacer de nuevo era nacer *fuera del agua y fuera del Espíritu*. ¿Ha escuchado una explicación sobre lo que significa nacer "fuera del agua"? Escuchó predicar acerca de nacer de nuevo, pero tal vez no se le dijo lo que significa nacer fuera del agua. Sin embargo, eso era lo que Jesús decía que significaba. Volveremos a este tema.

Si no tenemos cuidado, tomamos textos fuera de contexto y los convertimos en un pretexto para nuestro propio pensamiento y la forma en que hacemos las cosas. Voy a llevarlo de vuelta al Nuevo Testamento, aceptando lo que dice y lo que hacían para ayudar a las personas a convertirse en cristianas.

¿Dónde podemos comenzar en el Nuevo Testamento? No podemos comenzar con los cuatro Evangelios, y esto podrá sorprenderlo. Pero uno no puede encontrar el evangelio completo en los cuatro Evangelios, porque cubren un período de transición entre el tiempo judío y el tiempo cristiano.

Uno no puede averiguar cómo llegar a ser un cristiano en los cuatro Evangelios por la sencilla razón que la iniciación cristiana completa no era posible durante el período que cubren. La fe en Jesús de los Evangelios no era la fe en Jesús del resto del Nuevo Testamento, porque él aún no había muerto y resucitado. Podía ser fe en su nombre, podía ser fe en su poder sanador, pero no podía ser la fe en un Señor resucitado y ascendido. Era fe en el Jesús que caminó por la tierra. Podía ser creer que él era el Mesías —que el nombre del Mesías era Jesús—, pero aún no podía ser la fe en un Jesús a la diestra de Dios el Padre, con toda la autoridad en el cielo y en la tierra.

De igual forma, el bautismo en los Evangelios no podía ser un bautismo *cristiano*. Era simplemente un bautismo de arrepentimiento, que practicó Juan el Bautista, y luego los discípulos. Vuelve a aparecer en el libro de Hechos con un significado bastante diferente. El bautismo es bautismo en la muerte de Jesús; es una sepultura con Jesús y una resurrección con Jesús, que no podía ocurrir antes que sucedieran estas cosas. Por lo tanto, las personas que habían sido bautizadas antes de la muerte de Jesús, fueron bautizadas nuevamente luego de su muerte con el pleno bautismo cristiano.

Hay un caso clásico en Hechos 19. Pablo encuentra algunas personas que solo tenían el tipo de bautismo que uno encuentra en los Evangelios, y no duda en volver a bautizarlas con el bautismo cristiano.

Otra diferencia podría ser que en los Evangelios nadie podía recibir el Espíritu Santo. Jesús dijo: "Ustedes no pueden recibirlo porque aún no ha sido dado, porque aún no he sido glorificado". Así que recibir el Espíritu Santo no podía ser parte de convertirse en un seguidor de Jesús en los Evangelios. En otras palabras, los Evangelios aparecen demasiado temprano (antes de la muerte y resurrección de

Jesús) como para que averigüemos cómo convertirnos en un seguidor de Jesús ahora.

Las epístolas y el libro de Apocalipsis son demasiado tardíos para nuestro propósito, así que no podemos comenzar ahí. ¿Por qué son demasiado tardíos? Todas las cartas y el libro de Apocalipsis fueron escritos a personas que ya eran cristianas. Por lo tanto, buscaremos en vano instrucciones sobre cómo convertirnos en cristianos, porque los lectores ya eran cristianos. No hay nada en ninguna de las epístolas sobre cómo convertirse en un cristiano, porque fueron escritas a personas que ya habían nacido de nuevo. Entonces, ¿qué nos queda? Nos queda el libro de Hechos. Por eso es tan importante este libro: es el único libro del Nuevo Testamento que nos dice qué evangelio predicaban en la iglesia primitiva, y qué respuesta esperaban a ese evangelio. En Hechos podemos observar a los apóstoles en el lugar de los hechos, evangelizando, y podemos escuchar lo que decían a las personas que se acercaban.

Así que debemos empezar con el libro de Hechos cuando hacemos la pregunta: "¿Cómo una persona llega a ser cristiana?". ¿Dónde comenzamos en Hechos? La respuesta es: con cualquier relato que esté lleno de detalles sobre cómo las personas se convertían en cristianas. Hay dos de estos relatos: uno en Hechos 8 y otro en Hechos 19. Uno muestra a Pedro y Juan en acción. El otro lo muestra a Pablo. Encontramos, en estos dos pasajes, que llevaban con mucho cuidado a las personas interesadas a través de cuatro pasos sencillos, en ambas ocasiones en el mismo orden: *arrepentirse* de sus pecados hacia Dios, *creer* en el Señor Jesús, *ser bautizados en agua* y *recibir el Espíritu Santo*. En conjunto, constituyen lo que el Nuevo Testamento entiende como "nacer de nuevo" o "convertirse en creyente" o "entrar en el reino" o "tener vida eterna". Todas estas expresiones son diferentes formas de describir lo que significa convertirse en cristiano.

Recuerdo esas cuatro cosas de una forma fácil. Uso la palabra "acabar", tomando la primera "a" y luego omitiendo las siguientes "a". Me ayuda al aconsejar a una persona, porque puedo recordar estos puntos fácilmente y recorrerlos: *A-arrepentirse, C-creer, B-bautizarse y R-recibir*. Ahí tenemos nuestros cuatro pasos. Si usted va a estos dos pasajes encontrará que se arrepintieron primero, luego creyeron, luego fueron bautizados en agua y luego recibieron el Espíritu Santo. Ese es el nacimiento cristiano normal.

En el resto de Hechos, el Dr. Lucas, que lo escribió (el único gentil en escribir alguna parte de la Biblia), no menciona los cuatro pasos cada vez. ¿No sería aburrido si cada vez que alguien se convirtiera Lucas recorriera los cuatro elementos? Por lo general destaca uno u otro de los cuatro pasos, dependiendo de cuál era el rasgo más destacable de esa ocasión. Por ejemplo, en una oportunidad menciona que se bautizaron 3000 personas de una vez. Fue tan llamativo que lo puso por escrito, pero no menciona que se arrepintieron o que creyeron o que recibieron el Espíritu. ¿Significa eso que se convirtieron en cristianos solo por el bautismo? No. Lucas es un escritor demasiado inteligente como para aburrirnos dándonos los cuatro elementos cada vez. A veces menciona su arrepentimiento como el rasgo más llamativo, a veces su fe, a veces su bautismo y a veces su recepción del Espíritu.

Con Cornelio, fue la recepción del Espíritu que Lucas resalta, porque las personas recibieron el Espíritu de repente, en medio del sermón de Pedro. Fue algo notable. Si uno junta todos estos relatos, no hay ninguna excepción a estos cuatro pasos básicos. Nunca se le agrega algo y nunca se le quita algo. Era así como las personas se convertían en cristianas en la iglesia primitiva. Se arrepentían de sus pecados hacia Dios, creían en el Señor Jesús, eran bautizadas en agua y recibían el Espíritu Santo.

Una de las cosas más llamativas que uno nota acerca de esto es que comenzaban la vida cristiana en una relación personal con las tres personas de la deidad. Sabían desde el principio que Dios era una trinidad, en tanto que muchos cristianos comienzan su vida cristiana hoy sin ninguna relación con el Espíritu Santo y sin ningún conocimiento consciente de él. A veces esperan años antes de entrar en esa relación. Van a una conferencia o evento y se enteran, aparentemente por primera vez, del Espíritu Santo como una persona que pueden conocer de manera consciente, y se ponen al día más tarde. Debemos presentar a las personas desde el inicio mismo a las tres personas y decir: "Arrepiéntase hacia el Padre, crea en el Hijo y reciba el Espíritu".

Veremos más adelante que una de las razones por las que no hacemos esto ahora es que decimos a las personas que "reciban a Jesús", algo que nunca hicieron los apóstoles. Una vez que uno les dice que "reciban a Jesús", ignora la tercera persona de la Trinidad. En el Nuevo Testamento, una persona se convertía en cristiana al recibir al Espíritu Santo, no por recibir a Jesús: *creía* en Jesús, pero *recibía* al Espíritu Santo. Así que desde el inicio mismo tenían las tres personas de la deidad en su relación consciente con Dios. Esto es muy importante.

Después de averiguar de Hechos este patrón cuádruple de iniciación, podemos volver ahora a los Evangelios, y entonces encontramos que los cuatro elementos son anticipados aquí. Por ejemplo, lea lo que dijo Juan el Bautista. Juan dijo a las personas que se arrepintieran, que creyeran en Aquel que venía después de él, que sean bautizadas en agua y que Aquel que venía después de él les daría el Espíritu Santo y los bautizaría en el Espíritu Santo. De modo que Juan el Bautista estaba apuntando hacia adelante, a ese patrón cuádruple. Encontramos que Jesús mismo, en su enseñanza, también hablaba de las cuatro cosas, pero nunca las puso todas juntas. Habló del arrepentimiento en más de una ocasión. Habló de creer en él. Habló del bautismo. Y habló de que un día enviaría el don del Espíritu Santo.

Además, cuando uno considera el período entre su resurrección y su ascensión, cuando dio las órdenes de marcha a los primeros apóstoles (y, a través de ellos, a toda la iglesia), les dijo que ellos tenían un ministerio que cubría los cuatro elementos. Les dijo que predicaran el arrepentimiento a las naciones. Les dijo que predicaran el evangelio de modo que la gente creyera en él. Les dijo que bautizaran a los discípulos en el nombre del Padre, el Hijo y el Espíritu Santo. También les dijo que esperaran hasta que recibieran el Espíritu Santo, para que pudieran comunicar el Espíritu a otros. Entonces podemos ver que el patrón cuádruple está ahí, en los Evangelios, pero nunca están juntos. No tiene el significado pleno que tuvo después, pero está ahí.

Por otra parte, si ahora nos volvemos a las epístolas y al libro de Apocalipsis, también se encuentran los cuatro elementos ahí, pero no juntos. Cuando Pablo escribe a los cristianos, apela frecuentemente a los inicios de ellos. A veces dice: "¿No se acuerdan que se arrepintieron, que se volvieron de los ídolos al Dios vivo?". A veces dice: "¿No recuerdan cómo creyeron en Jesús?". En otra ocasión dirá: "¿No recuerdan que fueron bautizados y que cuando fueron bautizados fueron sepultados con él y resucitados con él?". En otra ocasión dirá: "¿Recuerdan cómo recibieron el Espíritu? ¿Recibieron el Espíritu por fe o por las obras de la ley?". *Ellos sabían que habían recibido el Espíritu Santo.*

En una epístola aparecen los cuatro elementos en el orden correcto. Se trata de Hebreos 6. Allí el escritor, dirigiéndose a algunos creyentes judíos, dice: "No quiero tener que empezar de nuevo con ustedes. Ustedes tendrían que haber madurado ya; tendrían que estar comiendo carne y no leche. No quiero volver y comenzar todo de nuevo con el arrepentimiento, la fe, los bautismos y la imposición de manos".

Hemos visto un patrón cuádruple de iniciación formulado en el libro de Hechos, anticipado en los Evangelios y supuesto en las epístolas.

Llamo las cuatro cosas los "pasos hacia la libertad", los pasos para un parto completo. Es interesante que cada una de las diferentes corrientes de la vida eclesiástica ha enfatizado uno de estos cuatro aspectos. La corriente liberal de la iglesia no está completamente equivocada. Ha enfatizado el arrepentimiento. Dice que uno tiene que cambiar sus actitudes, su estilo de vida. Si bien han tendido recientemente a centrarse más en los temas políticos y sociales de la injusticia en vez de la inmoralidad personal, hay que reconocer que los liberales han enfatizado el arrepentimiento. El problema es que, si eso es lo único que uno enfatiza, pasa a ser salvación por obras: uno se cambia a sí mismo. Pero es un buen énfasis.

La corriente evangélica ha enfatizado la fe. Si uno pregunta a un evangélico típico: "¿Qué debo hacer para ser salvo?", dirá: "Cree en el Señor Jesús y serás salvo". Probablemente no mencione el bautismo en agua, y es probable que no mencione recibir el Espíritu Santo. Dirá: "Solo cree". La corriente sacramental del cristianismo, a veces llamada la corriente católica, ya sea romana o anglicana, enfatiza el bautismo, y dice: "Usted se convierte en cristiano a través del bautismo en agua". Incluso dirán: "Cuando fue bautizado de bebé fue el momento en que se convirtió en cristiano". La corriente pentecostal enfatiza el cuarto elemento, la recepción del Espíritu Santo, pero generalmente enseña dos recepciones del Espíritu: una cuando cree y una cuando es bautizado en el Espíritu, como una especie de segunda bendición.

Las cuatro corrientes han tomado una cuarta parte de la verdad. El problema es que, cada vez que uno toma parte de la verdad y la convierte en toda la verdad se mete en una herejía. La mayoría de las herejías comienzan por tomar parte de la verdad e inflarla hasta que se convierte en toda la verdad. No es toda la verdad que el arrepentimiento lo convierte en cristiano. No es toda la verdad que la fe lo convierte en cristiano. No es toda la verdad que el bautismo lo convierte en cristiano. Y no es toda la verdad que recibir el Espíritu Santo lo convierte en cristiano. Mi tesis es muy sencilla: son las cuatro cosas. En el Nuevo Testamento los cuatro elementos son necesarios para entrar en el reino, necesarios para ser salvos y necesarios para entrar en la vida eterna aquí y ahora. Por lo tanto, ¿no es una pena que las diferentes corrientes de la vida eclesiástica estén tomando parte de la verdad del Nuevo Testamento e inflándola de modo que se vuelve tan grande que no pueden ver los otros tres elementos? Si uno considera que los cuatro elementos van juntos, está pensando más como los apóstoles en el Nuevo Testamento.

De los cuatro, la fe es, por supuesto, el más importante. Es el que recibe el mayor énfasis, pero está detrás de los otros tres. Dudo que alguien se arrepienta de sus pecados si no cree, ¿Qué sentido tiene arrepentirse si no está basado en algo que es verdadero? La esencia del bautismo es la fe que uno trae. Colosenses 2 deja muy en claro que el bautismo no puede hacer nada por uno a menos que se encuentre en la fe. Además, Pablo dice en Gálatas 3:2: "¿Cómo recibieron el Espíritu Santo? Por la fe". Así que uno ve que la fe es la clave de todo. Tenemos que ver los cuatro elementos como partes de la fe. Cuando decimos que somos justificados por fe, no significa fe sin arrepentimiento, no significa fe sin bautismo y no significa fe sin recibir el Espíritu. Significa la clase de fe que abarca los cuatro elementos. Es muy peligroso decir que somos salvos por la fe sola si significa eliminar los otros tres elementos. Somos salvados por una fe que se arrepiente, una fe que se somete al bautismo y una fe que recibe el Espíritu Santo.

Vamos a ver ahora las dos palabras o frases que se usan con mayor frecuencia con relación a llegar a ser un cristiano en el lenguaje de hoy. Ambas aparecen, de hecho, en el Nuevo Testamento. La primera es "conversión" y la segunda es "regeneración" o "nacer de nuevo". ¿Cómo encajan estas dos palabras en los cuatros pasos del nuevo nacimiento que he descripto? Algunas personas dicen: "¿A cuáles de los cuatro elementos se refiere la palabra 'convertirse'?". "¿Cuál de los cuatro elementos es cubierto por la palabra 'regeneración'?". Quiero intentar relacionar los cuatro pasos con estas dos palabras. Lamentablemente, en el uso popular de hoy tendemos a decir que "convertirse" y "nacer de nuevo" son lo mismo, pero en el Nuevo Testamento no es así. Son dos palabras bastante diferentes. En el lenguaje popular de los testimonios tendemos a decir: "Fui convertido" o "nací de nuevo", refiriéndonos a la misma experiencia. Veamos cómo son usadas las dos palabras en la Biblia, porque deberíamos usarlas de la misma forma. Entonces no nos engañaremos o confundiremos nosotros, ni engañaremos o confundiremos a los demás.

La primera cosa que tenemos que notar es que, en el Nuevo Testamento, la palabra "convertir" no es algo que hace Dios, sino algo que hacen los hombres y las mujeres. Es algo que se hacen a sí mismos o a otros. Hablando estrictamente, Dios no convierte a nadie. Yo me convierto o convierto a otra persona. Significa simplemente dar la vuelta, hacer una vuelta en u. No importa cuán largo o corto es el tiempo que requiere dar la vuelta. Algunos dobles de Hollywood pueden derrapar espectacularmente. Algunas conversiones humanas hacen un giro espectacular, y es un buen testimonio. Pero usted puede haber dado la vuelta en etapas, lentamente.

La palabra "convertir" significa simplemente que uno iba en cierta dirección y ahora va en la dirección opuesta. Se persuadió por su cuenta de dar la vuelta o ha sido persuadido por otra persona para dar la vuelta. Se ha convertido usted mismo, o a convertido a un hermano del error de lo que estaba haciendo. Mantengamos la palabra "convertir" para lo que hacemos nosotros. Es una acción humana de dar un giro. Ahora bien, ¿cuál de los cuatro pasos cubre la palabra "convertir"? La respuesta es: los cuatro. Porque los cuatro pasos en el Nuevo Testamento están en modo imperativo.

Se nos *ordena* arrepentirnos. Se nos *ordena* creer. Se nos *ordena* ser bautizados. Se nos *ordena* recibir el Espíritu Santo. Por lo tanto, si todas esas cosas nos son ordenadas, este es el acto humano de dar la vuelta. La conversión, entonces, es un acto humano, y está formado por cuatro etapas. Me convierto cuando me arrepiento, cuando creo, cuando soy bautizado, cuando recibo. Y me encuentro mirando hacia el lado opuesto. Los cuatro son actos de personas.

Ahora viene lo sorprendente: en el Nuevo Testamento las cuatro cosas son también actos de Dios. Dice que Dios nos concede arrepentimiento. Dice que la fe no viene de nosotros, sino es un don de Dios. Dice que es Dios quien lava mis pecados en el bautismo. Dice que es Dios quien derrama el Espíritu sobre mí. Aquí tenemos algo asombroso. El arrepentimiento, la fe, el bautismo y la recepción del Espíritu son todos actos del hombre que constituyen la conversión, y también son actos de Dios. A eso se refiere el Nuevo Testamento con la "regeneración". En cada etapa yo estoy haciendo algo, y Dios está haciendo algo.

Aquí tiene un pequeño término técnico. Alguien vino a escucharme durante tres meses en Guildford y me dijo:

"David, ¿usted es calvinista o arminiano?". Esos rótulos tal vez no signifiquen nada para usted. Simplificando demasiado, "calvinista" se refiere a los que creen que Dios hace todo, y "arminiano" a los que creen que nosotros hacemos todo. Los calvinistas enfatizan la actividad de Dios; los arminianos, la actividad del hombre.

Contesté: "Me ha escuchado durante tres meses, así que debería saber".

Dijo: "No sé. Algunos domingos llego a casa y pienso: 'David es un buen calvinista', y luego el domingo siguiente usted predica como un arminiano.

"No debería sorprenderse", respondí, "usted sabe la respuesta".

Dijo: "No la sé. ¿Cuál es?".

"Soy ambas cosas, ¡porque el Nuevo Testamento es ambas cosas!". Es una hermosa cooperación entre la actividad de Dios y mi actividad. Cuando me arrepiento, Dios está dándome arrepentimiento. Cuando creo, Dios me está dando fe. Cuando soy bautizado, Dios me lava. Cuando recibo el Espíritu, Dios está derramando su Espíritu sobre mí. Es una conversión y una regeneración a la vez.

Un punto final acerca de la regeneración. Nos hemos quedado pegados a la idea de que la regeneración o nacer de nuevo, debe ocurrir en un instante. Si eso fuera cierto, uno tendría que mirar los cuatro pasos y decir: "¿En qué punto del proceso es el instante de la regeneración?". El calvinista dice que viene antes del número uno, porque uno no puede hacer los otros hasta que nazca de nuevo. El arminiano dice que viene entre dos y tres: después de creer y antes de ser bautizado. El católico dice que viene en el momento de su bautismo, aun cuando eso haya ocurrido antes de los demás pasos. Están todos equivocados, porque todos suponen que la "regeneración" es un milagro instantáneo. Estudie la palabra "regeneración" en la Biblia y encontrará que siempre se refiere a un proceso de varias etapas que necesitan ser completadas. No es un suceso instantáneo, sino un proceso, como el nacimiento físico. Deberíamos preocuparnos mucho más por conseguir cristianos vivos que personas que nacen de nuevo. El nacimiento es solo el principio de la vida. La parte más importante de ser un cristiano no es haber nacido de nuevo, sino estar vivo, estar vivo en el reino y vivo en el Espíritu. Si quiere vivir en el reino, necesita las cuatro cosas. Necesita un nacimiento completo necesita una regeneración completa y una conversión completa. Esa es, entonces, la teología básica detrás de lo que busco enseñar.

Hemos visto que los cuatro pasos son la obra de Dios, que es a lo que nos referimos con la regeneración, y también la obra del hombre: dar la vuelta y convertirse. Mire el diagrama a continuación.

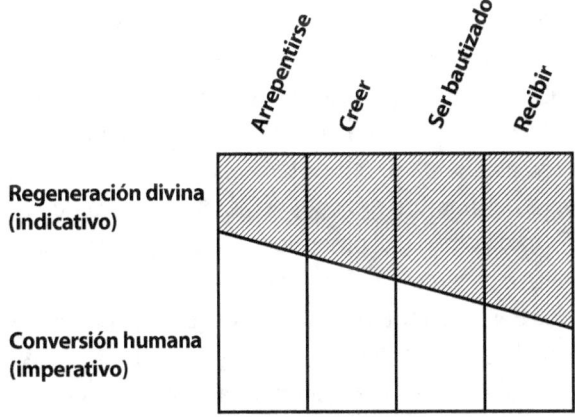

1. Dios mismo concede el arrepentimiento (Hechos 5:31; 11:18).
2. Dios otorga el don de la fe (Efesios 2:8).
3. Dios resucita de la tumba del bautismo (Colosenses 2:12).
4. Dios derrama su Espíritu (Tito 3:5).

Todo el proceso es obra de Dios. A través de él, él está regenerando (es decir, haciendo que "vuelva a ser") a una persona. Cada etapa es necesaria para comenzar la vida cristiana "normal", y es necesaria para un crecimiento y desarrollo saludables. Surge un patrón claro si tomamos los textos de Nuevo Testamento acerca de cada una de las cuatro etapas y preguntamos: "¿De cuál se trata este? ¿Del lado del hombre o del lado de Dios?". Las cuatro cosas en el imperativo nos están diciendo que hagamos algo, y en el indicativo nos dicen que Dios las hará. La mayoría de los textos sobre la palabra "arrepentirse" están dirigidos al hombre, *ordenando* al hombre que lo haga. Hay solo dos acerca de que Dios da el arrepentimiento. Cuando uno llega a la fe, hay más textos acerca de que Dios da la fe y no tantos acerca de que uno cree. Cuando llega al bautismo, la mayoría de los textos hablan de lo que Dios hace para usted en el bautismo, y una minoría de los textos acerca de lo que *usted* hace en el bautismo. Cuando se trata de recibir el Espíritu, casi en su totalidad tienen que ver con lo que Dios está haciendo al derramar su Espíritu, y la parte de la recepción por usted es una parte minoritaria. Hay un movimiento de más obra del hombre a menos, y de menos obra de Dios a más. Es casi como si, al pasar por todo este proceso de nacer de nuevo, hay cada vez menos de usted y más de Dios en el proceso. Por este motivo los textos sobre la conversión se tratan mayormente de las etapas uno y dos, y los textos sobre la regeneración (o nacer de nuevo) tratan mayormente de las etapas tres y cuatro, que es la razón por la que Jesús dijo que uno nace de nuevo de agua y Espíritu. ¿No es interesante? El énfasis al principio de su nuevo nacimiento está en que usted se convierta, y para cuando usted llega al final de proceso, el énfasis está en la obra de Dios al hacerlo nacer. Ahí tiene un marco útil para que piense. Significa que las etapas tres y cuatro son las cruciales para nacer de Dios. Ahí está el final de su vieja vida, y luego está el comienzo de su nueva vida. Esa es la esencia del nacimiento: es un cambio.

2

ARREPENTIRSE DE SUS PECADOS HACIA DIOS

El primer paso para entrar en el reino siempre ha sido: *arrepentirse*. La tragedia es que muchas personas se están convirtiendo en cristianas hoy sin arrepentirse. Dios está teniendo que decir a los cristianos que se arrepientan en este país. Él no tendría que estar diciéndoles que se arrepientan; la iglesia debería estar diciendo al mundo que se arrepienta. Si usted está escuchando a Dios, sabe que está diciendo a la iglesia, a los cristianos, que se arrepientan, y que se pongan al día con lo que tendrían que haber hecho años atrás. Ese es el primer paso. Pero ¿qué significa arrepentirse?

La mayoría de las personas, me temo, piensan que es una cuestión de sentimientos, de lágrimas, de sentir pena por lo que han hecho. Eso podría no ser arrepentimiento, sino simplemente pesar. Muchas personas sienten pesar por la forma en que han vivido. Me sorprendería si hubiera alguien que no sintiera pesar por algunas de las decisiones que ha tomado en su vida. Los sentimientos de pesar son por lo que uno se ha hecho a sí mismo, lo que ha hecho con su propia vida, y sus propias decisiones.

Luego hay otras personas que tienen sentimientos profundos de lo que llamamos remordimiento. Esto es lo uno siente por lo que ha hecho a otros. Recuerdo encontrarme con un hombre que sufría de una enfermedad venérea como resultado de su forma de vida, y había transmitido esta enfermedad a su hija. Estaba lleno de remordimiento por lo que veía que había hecho a otra persona. Tenía sentimientos profundos de remordimiento por esto, pero eso no es arrepentimiento. El arrepentimiento tiene este rasgo único: es lo que uno siente que ha hecho a Dios. Esto es bastante diferente del pesar o el remordimiento. De pronto, usted se da cuenta: "Es a Dios a quien he lastimado más". El hijo pródigo se dio cuenta de que no había lastimado a su padre solo. Dijo: "Padre, he pecado contra ti y contra el cielo". Tan pronto entra la dimensión del cielo, uno se da cuenta de que es a Dios a quien ha lastimado más, es la ley de Dios que ha roto, es el amor de Dios que ha rechazado, es la ira de Dios que ha provocado, es el juicio de Dios que merece, es la misericordia de Dios que necesita. Cuando entra esta dimensión divina, se convierte en lo que Pablo llama "la tristeza que proviene de Dios... [que] produce el arrepentimiento...". El pesar y el remordimiento no conducen necesariamente al arrepentimiento. Caín sintió un enorme pesar por lo que había hecho a Abel, pero nunca se arrepintió, nunca arregló las cosas, y nunca lo confesó. Solo sintió pesar por el castigo que estaba experimentando en el momento. Esto es una simple introducción.

El arrepentimiento involucra tres cosas. En el Nuevo Testamento, el arrepentimiento pasa por tres etapas: pensamiento, palabra y acción. Por lo tanto, el arrepentimiento lleva tiempo, y el problema es que, cuando uno está intentando conducir a alguien a Cristo en cinco minutos al final de una reunión, mientras está el autobús esperando a la persona, no puede llevarla al arrepentimiento como corresponde. Así que les hacemos repetir la oración del pecador: "Señor Jesús, lamento todos mis pecados, te invito a mi vida. Amén". Eso no es arrepentimiento. De hecho, dudo que uno pueda arrepentirse en general. Tal vez conozca la confesión general que se usa en las iglesias anglicanas cada domingo. La versión antigua decía: "Hemos dejado sin hacer aquellas cosas que deberíamos haber hecho, y hemos hecho aquellas cosas que no deberíamos haber hecho, y no hay salud en nosotros". Menciona a "pecadores miserables", lo cual produce muchas congregaciones miserables. Deberíamos ser santos felices, no pecadores miserables. Pienso en esa clase de confesión general —mi esposa y yo nos encontramos a menudo en iglesias anglicanas, y hay una en nuestro pueblo—, miro a la congregación cuando confiesan sus pecados y me pregunto: "¿Están pensando en algo que han hecho o algo que no han hecho, o solo están firmando un cheque en blanco?".

Voy a mostrar que el arrepentimiento es siempre arrepentimiento de pecados específicos. Uno no puede arrepentirse de pecados generales. Usted solo puede arrepentirse de esto, aquello y lo otro. Eso involucra tres pasos. Primero involucra cambiar su forma de pensar acerca de cosas específicas, y pensar como Dios piensa acerca de ellas. Cuando hace esto, llega a dos conclusiones. Primero, Dios es una persona mucho mejor que lo que yo pensaba que era. Segundo, yo soy una persona mucho peor que lo que yo pensaba que era. Por lo general, es al revés. Cuando un incrédulo piensa en Dios, piensa que Dios es injusto y que él o ella es justo, que es mejor que Dios. ¿Lo ha notado? Muchas personas dicen: "¿Por qué hace esto Dios? ¿Por qué Dios hace aquello?". Están diciendo: "Sé mejor que Dios, y si yo estuviera a cargo del universo, podría hacer las cosas mejor que él". Es lo que dicen, y en realidad se están proponiendo como mejores que Dios. Están diciendo: "Él está cometiendo errores que yo no cometería. Está tratando a las personas como yo no haría. Por lo tanto, soy una mejor persona que él".

Cuando uno se arrepiente, sus pensamientos dan una voltereta. Cuando tiene un atisbo de la santidad y la pureza de Dios, comienza a darse cuenta de lo mugriento que es, y tiene una visión mucho menor de usted. De hecho, cuanto más alta sea su visión de Dios, menor será la visión que tenga de usted. El arrepentimiento es un cambio de mente. La palabra griega *metanoia* significa reconsiderar algo. *Meta* ("cambio" o "después") y *noia*, "mente": pensar de nuevo acerca de la forma en que ha estado viviendo. Comienza cuando cambia su mente, cuando piensa a la manera de Dios, y luego se da cuenta de que no solo sus malas acciones son bastante horribles, sino que, sorprendentemente, comienza a ver que sus buenas acciones son igualmente ofensivas para Dios.

Para muchas personas es un sacudón cuando se dan cuenta en su mente de que las mejores cosas que han hecho jamás no son suficientemente buenas para Dios. Debemos arrepentirnos de nuestra justicia además de nuestro pecado. Nuestras buenas acciones además de nuestras malas acciones tienen que ser dejadas de lado.

¡Qué revolución! La mayoría de las personas creen que el arrepentimiento cubre las malas cosas que uno ha hecho, pero en la Biblia cubre las cosas buenas que ha hecho también. Permítame darle dos textos de la Biblia, que son un poco duros para una congregación cristiana, pero la Biblia es un libro duro. Lamentablemente ha sido pulido en inglés-español para congregaciones educadas, pero en el hebreo y en el griego es un libro muy terrestre. Este es un texto que las mujeres entenderán. Isaías dijo: "Nuestra justicia para Dios es como un trapo menstrual, una servilleta descartable". Es así como uno se siente con relación a su justicia una vez que piensa como Dios.

Aquí tiene uno para los hombres. Pablo escribe en Filipenses 3: "Cuando considero los mandamientos que guardé, no los que rompí" (y él guardó nueve de los Diez Mandamientos), "lo cuento como estiércol". Está diciendo: "Me siento como un niñito que hizo sus necesidades en una bacinilla y la sostiene diciendo: 'Mira lo que hice'". Usa una palabra griega muy terrestre para el excremento humano, para lo cual hay una expresión en inglés-español muy conocida. Eso está en la Biblia. En otras palabras, uno se da cuenta de que su justicia está tan alejada de la norma de Dios como sus malas acciones. Usted deja muchas cosas atrás y dice: "Nada en mis manos tengo, solo a tu cruz me aferro". Eso es llegar a la verdad acerca de usted.

Me encanta esa historia de un viejo predicador en las plantaciones de esclavos en el sur profundo de Estados Unidos. Estaba predicando sobre el hijo pródigo, y dijo. "Se sacó la chaqueta y la tiró, se sacó la camisa y la tiró, se sacó la camiseta y la tiró, y entonces, hermanos, simplemente volvió en sí; es decir, de lo que quedó". "Volver en sí" significa, finalmente, despojarse de todo lo que lo cubre a uno y llegar a la verdad real de su condición. Lo interesante es esto: cuanto más se acerca uno a Dios, peor se siente. Cuanto más entiende lo bueno que es él, más se da cuenta de lo malo que es uno. Darse cuenta de eso, pensar así, es el primer paso importante. Pero eso no es el final del arrepentimiento.

El segundo paso es la *palabra* de arrepentimiento, lo cual significa, primero, confesar sus pecados. En reacción a la práctica católica de la confesión, los protestantes han descuidado la confesión. Si usted hubiera ido a Juan el Bautista y le hubiera pedido el bautismo, él habría dicho: "Entonces, antes de bajar al agua, haga una confesión pública de sus pecados". Ellos insistían en eso. Fíjese cuántas veces en el Nuevo Testamento dice: "Confiésense los pecados unos a otros". He encontrado que es terapéutico, si estoy aconsejando a una persona interesada, lograr que nombre los pecados de los que quiere ser perdonada. Eso hace dos cosas buenas para ella. Primero, la ayuda a dar cuentas de cosas específicas. Alguien viene a mí y me dice: "Me gustaría ser un cristiano".

"Ah, ¿quiere que sus pecados sean perdonados?".

"Sí".

"¿Quiere ser salvado de sus pecados?".

"Sí".

"Entonces dígame de qué pecados quiere ser salvado". Encuentro que es aquí que comienza el arrepentimiento.

De alguna forma, nombrarlo lo saca a la luz. Mi corazón siempre da un salto cuando alguien me dice, en esas situaciones: "Nunca he dicho a nadie esto antes".

Pienso: "Vendrá una liberación en un momento. Está saliendo a la luz, está saliendo de la persona". Aun el simple hecho de decirlo hace algo al respecto, pero tiene que ser específico.

"Señor, es esto, y es esto, y es esto". No hay confesión del pecado en general en el Nuevo Testamento. Solo hay confesiones de "pecados", en plural. Una lista.

La confesión ayuda también a hacer responsable a la persona. Cuando uno confiesa un pecado no puede hacer excusas. No puede decir: "Bueno, no era mi culpa". La confesión es decir: "Fue mi culpa. Yo escogí hacerlo". Permítame decir algo que puede ser malentendido. Hay muchísima sanidad interior dando vueltas ahora, y encuentro que los cristianos prefieren tener sanidad interior que perdón. Porque el perdón exige arrepentimiento. Es muy fácil culpar a otra persona por mis complejos y decir: "Fueron mis padres, y lo que me hicieron. Fue lo que me ocurrió de niño. No necesito perdón. Necesito sanidad".

No somos el resultado de lo que nos han hecho. Somos el resultado de lo que hemos hecho con lo que nos hicieron. Son las formas que hemos elegidos reaccionar que nos han hecho lo que somos. Si soy una persona amarga, es porque he escogido tener resentimiento por lo que me han hecho, en vez de perdonar. Creo que hay más personas que necesitan arrepentimiento que sanidad interior, aunque aún hay un lugar para esto, donde el Espíritu Santo puede volver atrás y arreglar un problema de los primeros años. La necesidad básica de la humanidad no es sanidad interior, sino el arrepentimiento que permite que Dios perdone. Necesitamos poder decir: "Soy lo que soy ahora porque escogí, en puntos cruciales de mi vida, un camino que conduce a este carácter". Todos somos el resultado de nuestras elecciones.

Tratar a alguien como responsable por lo que ha hecho es tratarlo con la dignidad del ser humano. No son un perro de Pávlov. Le está diciendo a la persona: "Usted es un ser humano; tiene la voluntad para elegir. Ha escogido". He escuchado a hombres que están en un juicio decir: "Bueno, me encontré en malas compañías, su Señoría. Nunca escuché a alguien decir: "Escogí esa compañía", sino "me encontré en malas compañías". Nosotros escogemos a nuestros amigos. Escogemos nuestras compañías. Escogemos las ambiciones que tenemos. Escogemos. La confesión es decir: "He tomado la decisión incorrecta, y soy responsable".

Eso, entonces, es el inicio de levantar a una persona a la dignidad de un ser humano responsable. Hacer que lo ponga en palabras es muy importante. Si confesamos nuestros *pecados* (no nuestro *pecado*), si *confesamos* nuestros pecados, que significa *nombrarlos uno por uno*, así como uno nombra sus bendiciones, entonces él es fiel y justo para perdonar cada uno sus pecados, y su sangre sigue manteniéndonos limpios. Una hermosa promesa. Además de la *confesión*, es importante también, en ciertos pecados, hacer que una persona *renuncie* al pecado. Que diga, en palabras, ante Dios: "He terminado con esto. No volveré a eso". En los primeros bautismos siempre se les pedía que renunciaran al mundo, a la carne, al diablo y que dijeran: "No tengo nada que ver más con esos falsos maestros".

Ahora viene la parte difícil del arrepentimiento: las *acciones*. Aquí hay una parte del arrepentimiento de la que muchas personas no se dan cuenta. Esto es lo que lleva tiempo. El arrepentimiento comienza con el pensamiento, luego sale en palabras, pero después debe salir en acciones. Le doy dos textos. Juan el Bautista, si alguien venía y decía: "Quiero ser bautizado", decía lo siguiente: "Produzcan frutos dignos de arrepentimiento, y entonces los bautizaré". Dijeron: "¿A qué te refieres?". "Si tienen demasiada ropa, vayan y regalen la ropa. Si están dibujando los números contables, arreglen los libros. Si están abusando de alguien por su poder, dejen de hacerlo". Y luego (aquí hay uno para hoy): "Estén contentos con sus salarios". ¿Dónde están diciendo esto los predicadores de Gran Bretaña? No lo estamos diciendo porque no estamos predicando el arrepentimiento. ¡Aquí tiene un arrepentimiento práctico! ¿A cuántas personas que bautiza en la iglesia les pregunta: "¿Está contento con su salario?". Nos reímos nerviosamente porque sabemos perfectamente bien que solo hacemos que repitan una confesión general y la oración del pecador. No los estamos conectando con la realidad.

Pablo dijo lo siguiente: "No fui desobediente a esa visión celestial". Pero, ¿cuál fue la visión celestial a la que no fue desobediente? Me pregunto si lo sabrá usted. Si lee el versículo dice esto: "No fui desobediente a esa visión celestial, sino prediqué arrepentimiento a los gentiles, para que se volvieran o convirtieran a Dios, y demostraran su arrepentimiento mediante sus acciones". El ministerio de Pablo era un ministerio de hacer que las personas demostraran su arrepentimiento mediante sus acciones. Creo que deberíamos dejar de bautizar a las personas por la profesión de su fe y bautizarlas por la evidencia de su arrepentimiento. Permita que esa idea se haga carne. Cuando Jesús fue a almorzar con Zaqueo (el hombre pequeño en el árbol en más de un sentido), Zaqueo dijo algo durante la comida. ¿Fue: "Jesús, he estado defraudando a las personas, pero de ahora en más comenzaré a hacer las cosas bien y mantendré mis libros de una manera honesta"? No, ¡no dijo eso! Dijo: "Iré a todos los que he defraudado, y les devolveré lo que les quité con intereses, multiplicado por cuatro". Luego Jesús dijo: "Hoy la salvación ha llegado a tu casa".

El arrepentimiento es arreglar el pasado. Uno no puede arreglar todos los pecados, pero hay algunos que el Señor le mostrará que puede arreglar. Prediqué en Canberra, Australia, a miembros de ambas cámaras del Parlamento australiano. ¡Ellos saben cómo incomodar a un conferencista ahí, y hacía un calor infernal! Después de un tiempo, uno de sus políticos más destacados, mientras salía de la sala, me susurró: "Iré a casa para volver a escribir mis declaraciones de impuestos". Mi corazón dio un salto. No hubo lágrimas, pero hubo arrepentimiento. Había pensado a la manera de Dios. Lo puso en palabras, y se iba a su casa a volver a hacer sus declaraciones de impuestos. Es ahí donde el dicho se convierte en hecho. Eso es arrepentimiento: acciones de arrepentimiento. Hacer algo al respecto. Arreglar el pasado, llevarlo a la conclusión correcta. Cortar el cordón umbilical que lo ata al reino de Satanás, y atarlo para que esté libre de él.

Podría involucrar algo negativo, como destruir algo. Tuve que aconsejar a una persona que fuera a su casa y quemara su delantal de masón, y lo hizo. A veces tenemos que hacer eso. En Éfeso quemaron libros ocultistas que valían el equivalente de miles de dólares. Uno lee Hechos 19 y ve que tiene que ver con acciones de arrepentimiento. Esto ha sido tan dejado de lado en nuestra predicación que no es de sorprender que el Señor tenga que decir a los cristianos que vuelvan atrás, se arrepientan y arreglen las cosas. Cuando lo hacen, hay un alivio tremendo. Estuve predicando en Aberdeen, Escocia, tres noches en el teatro central de la ciudad. Después de la segunda noche se me acercó una muchacha, muy alterada, con el rostro congestionado, sollozando y temblando. Me dijo: "Oh, Sr. Pawson, ¡usted me está frustrando! Quiero ser una cristiana. He intentado ser una cristiana. He pasado al frente en cada reunión evangelística en Aberdeen durante dieciocho meses, incluyendo la cruzada de Luis Palau. Nada ha cambiado. Nada ha ocurrido. He firmado tarjetas. He recibido asesoramiento. He asistido a clases. Estoy comenzando a dudar que exista algo en esto. Pero sigo queriendo ser una cristiana".

¿Qué hace uno con una muchacha así? La miré a los ojos y le pregunté: "¿Con quién estás viviendo?".

Contestó: "Con un joven".

Le dije: "¿Estás casada con él?".

"No".

"¿Están viviendo como si estuvieran casados?".

"Sí".

"¿Por qué no están casados?".

"Bueno, él no cree en el matrimonio. Dice que es solo un pedazo de un papel legal. Mientras nos amemos, eso es todo lo que importa".

Le dije: "Bueno, tienes una decisión muy difícil que hacer. Me gustaría poder hacerlo por ti, pero no puedo. Tienes que tomarla tú. Tienes que decidir con qué hombre quieres vivir: el joven o Jesús".

Entonces se enojó mucho. Dijo: "¡Ninguna otra persona me dijo que hiciera eso!".

Le contesté: "Me has dicho que no estás yendo a ninguna parte con ninguno de los demás. Jesús no te acompañará en un arreglo de este tipo. Tú tienes que decidir".

Ahora, si esta fuera una historia de un predicador, le diría que cayó de rodillas, confesó y fue salvada gloriosamente. Me temo que no es una historia de un predicador. Es la verdad. Así que le diré la verdad. Salió del teatro sollozando a más no poder. He pensado en esa muchacha muchas veces. Sé cómo se sintió Jesús con relación al joven dirigente rico que no quería deshacerse de su dinero. ¿Sabe cuál era el problema? Todos los que aconsejaron a esa muchacha le habían dicho que creyera en Jesús. No habían comenzado por decirle que se arrepintiera. Así que estaba trabada. A menudo, ese es el problema. Hemos comenzado por el segundo paso. Jesús, Juan el Bautista y Pedro en el día de Pentecostés comenzaron por la palabra: "Arrepiéntanse".

En el nivel muy práctico, para ayudar a una persona a arrepentirse necesita ayudarla a hacer tres cosas. La primera cosa que tenemos que ayudarla a hacer es tomarlo con *seriedad*, porque arrepentirse es algo serio. No puede tomarse a la ligera. Casi voy a repetir las palabras en la ceremonia de la boda: no debe asumirse con ligereza. ¿Cómo ayudamos a una persona a tomarlo con seriedad? Dudo mucho que lo tomarán con seriedad a menos que haya algo de temor en la relación. El temor del Señor es el principio de la sabiduría. Necesitamos ayudar a las personas a tener el tipo correcto de temor para que lo tomen con seriedad.

Creo que la mejor forma de hacer esto es señalar dónde su forma de vida actual la llevará. La palabra que he encontrado más útil para ayudar a las personas a darse cuenta de esto es la expresión "echar a perder". Les dicho: "¿Se da cuenta lo que significa echar a perder?". Si uno tiene una bolsa de agua caliente que se ha echado a perder, ¿qué tiene? Sigue siendo una bolsa de agua caliente, ¿no es cierto? Tiene el aspecto de una bolsa de agua caliente, ¿no? No puede contener agua, pero sigue siendo una bolsa de agua caliente. Escuche, cuando una bolsa de agua caliente se ha echado a perder, sáquela de en medio. No puede ser usada para el propósito para el cual fue hecha. Sigue teniendo la misma apariencia de una bolsa de agua caliente, se siente igual, pero no puede ser usada como tal.

Un ser humano que se ha echado a perder sigue teniendo el aspecto de un ser humano, se siente como un ser humano, pero no puede ser usado como un ser humano. ¿Qué hace uno con algo que se ha echado a perder? Lo tira, o lo quema en un incinerador. El infierno es el incinerador de Dios para personas que se han echado a perder. No dejan de ser personas, sino que simplemente ya no le sirven a él. Creo que ese es el destino más terrible que podría tener un ser humano jamás: llegar a ser algo completamente inútil. El desempleo, un despido son suficientes para destruir el autorrespeto de una persona, pero saber que uno ya no le sirve a Dios o a nadie más, eso es lo que significa "echar a perder". Dios nos amó tanto que no quería que nos echáramos a perder. Eso es lo que es el infierno: es el lugar donde uno va cuando ya no sirve para uno mismo, para otros o para Dios, y uno pasa el resto de su existencia con personas que no sirven para usted, para ellas mismas o para Dios. No puedo pensar en nada más terrible que eso, pero eso es el resultado final de vivir sin Dios. El temor a volverse completamente superfluo en el universo de Dios, ese es el temor del Señor. Jesús dijo: "No teman a los que matan el cuerpo, pero no pueden matar el alma. Teman más bien al que puede destruir alma y cuerpo en el infierno". Personas echadas a perder.

La segunda cosa que tenemos que hacer con las personas, para ayudarlas a arrepentirse, es ayudarlas a ser *específicas*. Que confiesen *pecados*, en plural: que los nombren, que vayan a lo concreto. Usted le dice a la persona: "¿Quiere ser salvado de sus pecados?".

"¡Oh, sí!".

"¿De qué pecados quiere ser salvado?".

"Oh, de todos".

"Bueno, ¿con cuál comenzaremos?".

Es demasiado fácil para las personas decir: "Oh, sí, soy un pecador. Bueno, todos lo son, todos han pecado. Soy un pecador".

"¿De qué manera ha pecado, entonces?".

Tenemos que ayudar a las personas a ser específicas.

¿Cómo podemos hacerlo? Hay tres formas. La primera es una conversación guiada en la que uno las va dirigiendo. Ahora bien, uno tiene que mantener la confianza de la persona. Debe sentir que usted mantendrá su confianza, y que solo la está guiando. "Entonces, ¿cuál es el pecado que lo acosa? ¿Cuál es el pecado por el que más se odia?". Una conversación guiada puede volverse específica.

La segunda forma es darles una lista detallada. Un amigo mío ha preparado una lista así, de toda clase de cosas en las que se involucra la gente, y antes de aconsejar a alguien le da una hoja de papel y le dice: "Recorra esta lista. ¿Ha estado involucrado en alguna de estas cosas ocultistas, en algunos de estos hábitos pervertidos?". La persona recorre la lista y va marcando los pecados, y entonces él puede aconsejarla. Esta es una forma muy práctica de hacerlo. El Nuevo Testamento contiene alrededor de treinta listas, y entre ellas cubren ciento veinte cosas que Dios considera como pecados. A veces es útil tener una lista detallada y hacer que la persona la recorra y la vaya marcando.

Una tercera forma, y esta es una forma disponible para el consejero que está moviéndose en el Espíritu Santo, es una revelación inmediata. A veces he pedido al Espíritu Santo que muestre a la persona que estoy aconsejando cuál es el problema fundamental, la raíz primaria. En otras ocasiones, le he pedido que me muestre a mí cuál es el problema fundamental y luego la sorprendo a la persona preguntándole sobre esto. El Espíritu Santo quiere revelar las raíces primarias. Permítame darle una ilustración. He encontrado que detrás de todo hombre homosexual que he aconsejado hay una triste historia de un padre y una madre que intercambiaron sus roles. La madre pasó a ser la figura de autoridad dominante, y el padre, la figura de consuelo. Esta es la razón por la que se está produciendo tanta homosexualidad, porque los roles están confusos, y son los hijos o los nietos que sufren por la confusión. Estaba aconsejando a un muchacho de un colegio privado, un hermoso cristiano, completamente paralizado por esta tentación a la que cedía frecuentemente. Realmente sentí compasión por él. Le dije: "¿Cuándo comenzó esto?".

"Oh", dijo, "en el internado".

Ahora bien, los internados de varones tienen que hacerse cargo de muchas cosas, créame, pero dije: "No, el Espíritu Santo está diciéndome que comenzó mucho antes de eso".

Contestó: "No, no recuerdo que haya empezado antes del internado".

Le dije: "Pero el Espíritu Santo me está diciendo que fue antes de eso. Cuéntame acerca de tus padres".

Era un caso triste de una mujer que había pasado por tres esposos, una mujer dominante que simplemente cambiaba de pareja cuando quería, y él era producto del tercer esposo. La esposa había asumido el rol de autoridad en el hogar; era la persona dominante. El resultado era que, cuando quería consuelo, se subía a la cama con su padre, no su madre, y él no se daba cuenta de que el padre no estaba recibiendo consuelo de la madre, sino del hijo. Todo salió a la luz, pero fue necesario que el Espíritu Santo lo revelara, de modo que pudiéramos dedicarnos al problema raíz.

Así que estas son las tres formas en que podemos llegar a los asuntos específicos: una conversación guiada, una lista detallada y una revelación inmediata.

Finalmente, sea *sensato*. Es algo necesario en dos sentidos. Primero, sea sensato en lo que se refiere a las emociones del arrepentimiento. A veces las personas tienen un sentido de culpa exagerado por la cosa errónea. Sus sentimientos las han engañado. Por ejemplo, es posible que los hombres se sientan más culpables por la masturbación —que no se menciona en la Biblia— que el asesinato. Así que tenemos que ayudarlos a ser sensatos en las emociones, y no dejar que sus sentimientos se salgan de toda proporción. La culpa psicológica no es culpa moral, y es la culpa moral la que Jesús cura: no por lo que nos *sentimos* culpables, sino de lo que *somos* culpables.

La otra forma en que tiene que ser sensato es en las *acciones* de arrepentimiento. No es posible ir para atrás y arreglar todas las cosas, así que tenemos que ayudar a la persona a ser sensata acerca de lo que hace. Un amigo mío fue a la policía y confesó un crimen que había cometido. Fue llevado a juicio y se le dio la condena más liviana posible, dos meses. Fue a la cárcel y predicó a Cristo ahí. Los demás prisioneros lo llamaban "el obispo". Así que cuando salió confesó otro crimen, fue a otra cárcel y predicó el evangelio ahí. Me dijo, orgullosamente: "Soy el único evangelista de Gran Bretaña financiado enteramente por Su Majestad la Reina". Ahora bien, eso estaba dentro del campo del sentido común; se podría haber excedido. Tenemos que ayudar a las personas a ser sensatas acerca de lo que puede arreglarse y lo que no puede ser arreglado. De esta forma las hemos ayudado a arrepentirse.

En el próximo capítulo pensaremos en cómo ayudar a las personas a creer.

3

CREER EN EL SEÑOR JESÚS

El primer paso para nacer de nuevo es arrepentirse hacia Dios, y el segundo, creer en el Señor Jesús. La palabra "en" aquí es crucial. Estas palabritas son muy importantes en la Palabra de Dios. A veces preguntó en un grupo: "¿Cuántos de ustedes creen en mí?". Unos pocos levantan la mano. Luego pregunto: "¿Cuántos de ustedes creen que existo?". ¡Si uno expresa la pregunta correctamente, obtendrá una respuesta mayor! Todos creen que existo, pero aun los que levantaron la mano para decir que creen *en* mí, yo no sé realmente si creen o no. No tengo forma de saber si esa profesión de fe significaba que tenían fe en mí. Yo podría decir: "Si los que levantaron la mano quisieran darme todo el dinero al final de la tarde, lo cuidaré durante cinco años y luego se los devolveré con intereses. ¡Si hacen eso sabré que creen en mí!". Uno no puede saber que alguien cree en usted hasta que haya hecho algo que demuestre que confía en usted y ha asumido un riesgo de que usted no la defraudará. Creer *en* alguien es completamente diferente de creer *que* alguien es alguien o es algo. Es creer *en* el Señor Jesús que es la segunda parte de nacer de nuevo.

Tenemos que describir lo que es la fe. Lo primero que tenemos que decir acerca de la fe es que es *histórica*. Con esto quiero decir que está basada en hechos, no en sentimientos. Está basada en ciertos sucesos que ocurrieron. No importa cuán atrás fue, realmente ocurrieron. Estamos poniendo nuestra fe en hechos de la historia. No estamos creyendo porque *sentimos* que es cierto, sino porque *es* cierto. Porque existe la evidencia, como ocurre con todo otro suceso histórico.

Hay otra clase de fe que anda dando vueltas ahora, que llamo "fe en la fe". No sé si sabrá a lo que me refiero. Años atrás tuvimos un problema con personas que ponían su fe en los sentimientos. Solo sentían que creían de tanto en tanto, o sentían que eran creyentes el domingo a la noche y no sentían que eran creyentes el lunes a la mañana. Pero los hechos no cambiaron desde el domingo a la noche al lunes a la mañana. Hoy, sin embargo, muchas personas están poniendo fe en la fe: "No importa en lo que creas, siempre que lo creas. Nómbralo, reclámalo, cree que es tuyo". Esa clase de cosa. Nuestra fe no está en los sentimientos, y no está en la fe.

No creemos en tener fe, creemos en hechos. Y los tres hechos que están en el corazón de la fe es que Jesús murió, fue sepultado y resucitó. No omita el del medio. Pablo dice, en 1 Corintios 15:3-4: "Ante todo les transmití a ustedes lo que yo mismo recibí: que Cristo murió por nuestros pecados según las Escrituras, que fue sepultado, que resucitó al tercer día según las Escrituras". La sepultura es tan importante como la muerte y la resurrección. He escuchado a muchos predicadores hablar de la cruz, y muchos hablan de la tumba vacía. Difícilmente haya escuchado a un predicador hablar alguna vez de la sepultura. Nunca ha habido un credo cristiano sin esa inclusión vital: "… sufrió bajo Poncio Pilato, fue crucificado, muerto y sepultado". Jesús no resucitó de la muerte; resucitó de la sepultura. Resucitó de la tumba. Y si Jesús no fue sepultado, entonces nuestra fe sufrirá consecuencias. Y, no importa lo que digan algunos obispos, si no fue resucitado de la muerte con un cuerpo, entonces hemos perdido el tiempo al hacernos cristianos.

Estos son hechos, y la evidencia a su favor es tan buena como cualquier otro hecho de la historia. Jesús murió, fue sepultado y fue resucitado, y la gente necesita conocer esos tres hechos si su fe ha de tener un fundamento sólido. Nadie puede volver a poner a Jesús en una cruz. Nadie puede volver a ponerlo en la tumba. Nadie puede volver a resucitarlo. Esos sucesos ocurrieron, y nunca volverán a ocurrir. Nuestra fe está en esa parte de la historia, y es la primera cosa de la que tenemos que asegurarnos. Significa que la fe cristiana es exclusiva. Está anclada a esos sucesos. No es una creencia general en Dios. Hay otras religiones que tienen fe en Dios, pero ésta es una fe en aquellos tres sucesos y en su importancia.

La segunda cosa acerca de la fe que tenemos que comunicar a las personas, es que es *personal*. Usted puede creer que Jesús murió, fue sepultado y resucitó, pero la fe también tiene que ser *en Jesús*. Es intensamente personal. Es confiar en una persona, y es obedecer a esa persona. No es solo creer que ciertas cosas ocurrieron a esa persona, sino arriesgar directamente su vida con esa persona y confiar en ella. Eso es llevarlo un poco más allá que una fe puramente histórica. Es que Satanás tiene una fe de primera. Los demonios saben perfectamente que Jesús murió. Saben que fue sepultado. Saben que resucitó. Pero no se vuelven creyentes. Dice que lo máximo que alcanza a ser Satanás es un cuáquero. ¿Sabe que la Biblia dice eso? Dice que los demonios creen que Dios es uno, y tiemblan, que es el origen de la palabra "cuáquero".[2]

Aun cuando tiemblan ante los hechos, no se convierten en creyentes, porque no ponen su confianza en la persona a la que ocurrieron estas cosas. Tenemos que ayudar a la gentes a no solo creer en los hechos históricos del evangelio, que es el primer paso, sino a saber que pueden relacionarse realmente con la persona a la que ocurrieron esos hechos. Ninguna otra religión tiene una oferta o una afirmación similar. Mahoma está muerto, y su tumba sigue estando llena. Buda está muerto, y su tumba sigue estando llena. Confucio está muerto, y su tumba sigue estando llena. Jesús está vivo, ¡y su tumba está vacía! Esta es la diferencia. Por lo tanto, no puedo tener una relación personal con Mahoma, o con Confucio o con Buda. La esencia de la fe cristiana es que puedo confiar en Jesús personalmente. Mientras no lleguemos a esa dimensión personal, no hemos tocado la verdadera fe. Debemos transmitir los hechos históricos, pero luego decimos: ahora la persona a la que le sucedió todo esto es una persona con la cual usted puede hablar y con la cual puede relacionarse, y a la que puede conocer como su propio amigo.

La tercera dimensión en la fe es *verbal*. Así como el arrepentimiento se convierte en palabras en cierta etapa, la fe también necesita ser expresada en palabras. Si usted cree en su corazón y confiesa con su boca, será salvo. Está en la esencia de la fe decirlo, expresarlo en palabras. Y, de alguna forma, cuando *realmente* cree en algo, está preparado para decirlo. Hay dos formas en que la fe se vuelve verbal. La primera es al *hablar con Jesús*. Si realmente cree que Jesús está vivo —que puede conocerlo y tener una relación personal con él—, puede hablar con él. Esta es la razón por la que el Nuevo Testamento enfatiza que cualquiera que invoca el nombre del Señor será salvo. Invocar al Señor es poner su fe en palabras y decir: "¡Jesús! ¡Ayúdame! ¡Sálvame! ¡Te necesito!". Es hablarle directamente. La primera expresión verbal de la fe es hablar al Señor, llamarlo, invocar su nombre.

Hay algo acerca de usar el nombre de una persona que hace toda la diferencia. Recuerdo una encantadora muchacha judía que se me acercó luego de un culto en Cambridgeshire y me preguntó: "¿Está usted intentando decir que Jesús de Nazaret aún está vivo?".

Dije: "Entendió el mensaje. Es lo que estoy diciendo".

Ella contestó: "Entonces, si está vivo, debe ser nuestro Mesías".

Me gusta la palabra "nuestro" aquí; era una verdadera judía hablando.

"Así es", dije.

Continuó diciendo: "¿Cómo puedo averiguar si está vivo?".

"Podría intentar hablarle ahora mismo", contesté.

Lo hizo. ¡Realmente lo hizo! En diez minutos me estaba enseñando la Biblia. Estaba en su sangre. Conocía las escrituras de punta a punta. Todo su trasfondo judío le había dado toda la verdad excepto la única cosa que podía destrabar ese trasfondo, que era la clave: Jesús está vivo.

La única cosa que un judío necesita saber para creer en Jesús es que está vivo. Fue lo que ocurrió a Saulo de Tarso camino a Damasco. Será lo que ocurrirá a toda la nación judía cuando miren al que traspasaron. Pero la muchacha habló con él y se dio cuenta de que estaba invocando el nombre del Señor. Estaba ejerciendo fe al hablar con alguien. Si usted cree que está vivo, y que puede conocerlo y relacionarse con él, entonces la primera expresión de esa fe es invocar su nombre y decir: "Jesús, te estoy hablando. Jesús, si estás ahí, necesito ayuda". Es así como la mayoría de las personas comienzan a ejercer su fe verbalmente.

Pero hay otro lado a este tema: hablar *de* Jesús. Una de las mejores cosas que puede hacer un nuevo creyente es decir a otra persona que ha creído en Jesús. De alguna forma, eso fortalece su fe. Está confesando con su boca frente a incrédulos. Es asombroso lo que hace para usted ir y decir a un incrédulo: "¿Sabe que creo en Jesús ahora? Soy un hombre de Jesús, una mujer de Jesús". La dimensión verbal de la fe es muy importante en sus dos aspectos de hablar *a* Jesús y hablar *de* él. Jesús dijo: "Si ustedes me confiesan ante los hombres yo puedo confesarlos ante mi Padre en el cielo. Si me niegan ante los hombres, me avergonzarán y tendré que negarlos antes mi Padre". Así que si usted dice que cree en Jesús y tiene demasiada vergüenza como para decirlo, hay algo débil en su fe. Pero cuando habla de Jesús a otros, su propia fe se vuelve más fuerte, porque es una dimensión verbal de su fe que está saliendo.

La cuarta dimensión de la fe es que es muy *práctica*: es algo que usted *hace*. No es solo lo que piensa o lo que dice. Así como el arrepentimiento comienza por lo que uno piensa y pasa a lo que uno dice, y luego pasa a sus acciones —pensamiento, palabra y acción—, la fe hace lo mismo. Pensamos en el evangelio y se convierte en palabras que hemos escuchado, pero debe convertirse en acciones. Santiago 2 es uno de los capítulos más importantes del Nuevo Testamento. Dice: "La fe sin obras está muerta; no puede salvar". La gente ha pensado frecuentemente que Martín Lutero consideraba que Santiago y Pablo se contradecían. Pablo dice que un hombre es justificado por la fe y no por las obras. Santiago dice que la fe sin obras está muerta y no puede salvar; no es mejor que un cadáver en una morgue. ¿Quién tiene razón: Pablo o Santiago?

La respuesta es que ambos tenían razón. Están usando la palabra "obras" de una forma diferente. Pablo, cuando decía "obras", se refería a "obras de la ley; buenas acciones", mientras que Santiago está hablando de obras de la fe, y esto es algo diferente. La palabra "obras" es lo que nos desconcierta, y prefiero la traducción de la NVI en inglés, "acciones" (*actions*), en vez de "obras", donde Santiago dice "la fe sin acciones está muerta". Si realmente cree en alguien, uno lo demuestra con sus acciones.

Mi esposa lo demostró cuando yo estaba piloteando un avión en Nueva Zelanda. Se quedó muy tranquila, para mi asombro, mientras yo volaba el avión. Ella creyó en mí al no ponerse un paracaídas y saltar por la puerta de salida. Si usted entra en mi coche cuando estoy manejando, es una acción de fe. Hay dos personas en cuyos coches sé que no entraré jamás. No creo en ellas, y no confío en ellas. ¡No voy a mencionar sus nombres!

Si usted cree en alguien, lo demuestra. Usted cree en el médico cuando pone su vida en las manos de un cirujano y firma los papeles. Lo hice unos años atrás con un cirujano que nunca había visto antes. Me enfermé en medio de una reunión y estaba sufriendo muchísimo. Un cirujano dijo: "Lo pondré en una ambulancia y lo enviaré de vuelta a su casa si tiene un médico ahí en el que pueda confiar. Pero estoy dispuesto operarlo hoy a la medianoche. Es algo necesario, pero usted no me conoce". Lo miré, y aunque nunca lo había visto antes, le dije: "Confío en usted. Firmaré el papel". Eso es fe; es práctico. Me pregunto si usted puede recordar la última vez que creyó en Jesús. Ahora piense bien en la pregunta: ¿Cuándo fue la última vez que creyó en Jesús? ¿Cuál fue la última vez en que asumió un riesgo en el que se hubiera caído de bruces si Jesús no estaba ahí para atraparlo? ¿Cuándo fue la última vez que actuó en fe? Porque la única fe que el Nuevo Testamento reconoce como fe es la fe que actúa. La tragedia en este país es que la vida es tan segura y cómoda que raramente necesitamos actuar en fe. Algunos miembros de la iglesia no han actuado en fe durante meses. No tuvieron que hacerlo. Algunos solo intentan actuar en fe cuando aparece un cáncer o una gran emergencia. Pero han estado tan acostumbrados a vivir sin actuar en fe que cuando llega un gran golpe no tienen suficiente fe para encararlo. No han estado viviendo por fe porque no hizo falta. Tenemos médicos y dentistas y abogados y tiendas llenas de alimentos. No necesitamos vivir por fe la mitad del tiempo. ¿Cuándo fue la última vez que creyó en Jesús? Usted dice: "Oh, yo siempre he creído en Jesús". No, no ha creído. A veces ha pasado semanas sin creer en Jesús. Tal vez haya creído siempre que era su Salvador y que él era Señor, pero ¿cuándo fue la última vez que creyó en Jesús y *confió* en él para algo? Eso es fe práctica.

Solíamos jugar un juego llamado "fe" con nuestros tres hijos cuando eran pequeños. Todavía puedo verlos parados en una fila cinco escalones arriba de la escalera. Yo estaba parado al pie de la escalera. Ellos decían: "Papi, si saltamos, ¿nos atraparás?". Yo decía: "Podría hacerlo; podría no hacerlo". Ellos se quedaban parados, meciéndose y temblando con una anticipación terrible. Era su equivalente de los videos de Internet de hoy. Creo que estarían atemorizados. Entonces uno de ellos saltaba y yo lo atrapaba. Luego otro saltaba y decía: "¡Fe!". Así les enseñamos. Uno no cree en alguien hasta tanto salte y la persona lo atrape. Unos años después dejamos de jugar ese juego por motivos de salud: ¡mi salud! ¡Todos crecieron y se hicieron más grandes que yo! Pero aprendieron la lección, y les encantaba el juego.

Debo contarle una historia cómica de un hombre que caminaba a través de un campo oscuro en una noche neblinosa. No sabía que había un precipicio en el borde del campo, y cayó por el precipicio. Mientras caía por el barranco profundo, agitando los brazos, logró sujetarse de una rama de un árbol que crecía del costado del precipicio. Lo tomó con la otra mano también, y estaba colgado en la oscuridad y la niebla, preguntándose qué distancia habría hasta el fondo. Gritó hacia arriba: "¿Hay alguien ahí arriba?".

Una voz profunda en las nubes dijo: "Sí, mi hijo, estoy aquí".

"¿Puedes sacarme de esto?".

La voz contestó: "Sí, si tienes fe".

"¿Qué debo hacer para tener fe?".

"Suelta la rama".

"¿Hay alguien más ahí arriba?".

La historia lo dice todo. La fe es cuando uno se suelta. La fe es cuando uno salta. La fe es cuando uno asume el riesgo. La fe es cuando una actúa según la Palabra de Dios. Lamentablemente, muchos evangélicos, especialmente, creen que fe es *aceptar la verdad* de la Palabra de Dios. No es eso. Es *actuar* de acuerdo con la verdad de la Palabra de Dios. Muchos aceptan la verdad de la Biblia sin actuar de acuerdo con ella jamás. Pero son las personas que actúan de acuerdo con la verdad de la Palabra de Dios quienes tienen fe.

Santiago 2 nos da dos ejemplos asombrosos. Muestra que no tiene nada que ver con la calidad moral, porque un ejemplo es de una prostituta, Rajab. El otro es de un hombre llamado Abraham. La prostituta Rajab, que era un ancestro de Jesús, mostró fe cuando ocultó a los espías en Jericó y logró sacarlos sanos y salvos de la ciudad. Abraham mostró fe cuando llevó a su único hijo, que tenía poco más que treinta años, al monte Moria (donde más tarde otro Padre hizo morir a su Hijo), y lo ofreció en sacrificio, arriesgando todo el futuro de su familia. Tanto Abraham como Rajab arriesgaron todo su futuro y actuaron según la Palabra de Dios.

Mire Hebreos 11. Ese capítulo comienza: "Por la fe... por la fe... por la fe..." Cada ilustración de la fe en ese capítulo es sobre *lo que hizo alguien*. Ya sea Noé, construyendo el arca, Moisés llevándolos a través del mar o Gedeón, Barac o Sansón, cada ejemplo de fe en ese capítulo es de lo que hicieron. Actuaron en fe. *Creyeron que Dios quería decir lo que dijo, y actuaron de acuerdo con eso*. Eso era fe. No era que creyeron cada palabra del Nuevo Testamento, sino que actuaron según lo que Dios había dicho. Esta es probablemente una de las cosas más importantes que tenemos que comunicar a la gente. La fe no es decir que uno está de acuerdo con la Biblia. La fe no es decir que uno acepta la Biblia. La fe viene cuando uno actúa de acuerdo con la Biblia.

El quinto aspecto es aún más controversial, tal vez, pero muy importante: que digamos a la gente que *la fe es continua*. No son los que *comienzan* en fe quienes son salvos, sino quienes *terminan* en fe que son salvos. Aquí tiene algo en que pensar. Estoy seguro que alguien preguntará sobre "una vez salvo, siempre salvo", una frase que no puedo encontrar en mi Biblia. Lo que encuentro en la Biblia es que la fe es continua. La palabra "fe" y la palabra "fidelidad" son la misma palabra en griego. ¿Lo sabía? Tener fe es ser fiel. Confiar en alguien es seguir confiando en esa persona. En otras palabras, es *mantener la fe en alguien*. Eso es fe verdadera: seguir creyendo, cuando todo parece contradecir su fe, y usted sigue creyendo en Dios.

Tres hombres en el Antiguo Testamento —Sadrac, Mesac y Abednego— fueron arrojados en un horno ardiente. Los desafiaron: "¿Ustedes creen que Dios puede salvarlos de ese horno ardiente?". Dijeron: "Lo creemos, pero aun si no lo hace, seguiremos confiando en él".

"Pero aun si no…" ¿No es maravilloso? ¡Qué expresión de fe! "Si no, no afectará mi fe; sigo confiando en él".

Hay algo que necesitamos saber acerca del verbo "creer" en el Nuevo Testamento, que no podrá saber si no conoce el idioma griego. Hay ciertos tiempos verbales en griego que son algo difíciles de traducir al inglés-español. Uno de esos tiempos es el presente continuo. Para traducirlo al inglés-español tenemos que agregar una palabra: "seguir". Jesús no dijo: "Pidan y recibirán; busquen y hallarán; llamen y se les abrirá". Lo que dijo en realidad fue: "Sigan pidiendo, y hallarán; sigan buscando, y hallarán; sigan llamando, y se les abrirá". ¿Hace una diferencia? Hace una gran diferencia. Alguien dice: "Una vez pedí el Espíritu Santo, y no ocurrió nada". Ah, ¿solo pidió una vez? Jesús dijo: "Sigan pidiendo… ¿Cuánto más dará su Padre celestial el Espíritu Santo a quienes siguen pidiendo?". Nuevamente el tiempo presente continuo. Aquí tiene un versículo que conoce demasiado bien, con la traducción correcta: "Porque de tal manera amó Dios al mundo que dio a su Hijo unigénito para que todo el que siga creyendo en él no muera nunca sino tenga vida eterna". ¿Ha cambiado de pronto ese versículo para usted? Debería haberlo hecho: "... todo el que *siga creyendo*..." No es un *instante* de fe, sino *toda una vida* de fe que salva. Mi fe de ayer no me salvará hoy, y mi fe de hoy no me salvará mañana.

Como la salvación misma, la fe es algo continuo, y tiene este elemento de *guardar* la fe, de *seguir* confiando. La Biblia habla de los que naufragan en la fe, los que se apartan de la fe y los que no la mantienen. Esas advertencias son muy fuertes, muy severas y muy claras. Pablo, en la mitad de su vida, no confiaba en la fe que tuvo en el camino a Damasco. Dijo: "La vida que ahora vivo, la vivo por fe". Y cuando llegó al final de su peregrinaje terrenal, no dijo: "Gracias a Dios por mi conversión en el camino a Damasco", sino: "He terminado la carrera. He peleado la batalla. He guardado la fe".

Hay un versículo en Hebreos 11 que es uno de mis favoritos. Después de mencionar a Moisés, Noé y otros héroes de la fe, dice: "Todos todavía estaban viviendo por fe cuando murieron". ¿No es una afirmación asombrosa? "Por lo tanto", dice, "corran su carrera, mirando a Jesús, el que da comienzo a su fe y el que la termina". El Autor y el Finalizador, el Pionero y el Perfeccionador de la fe. ¡Sigan así! ¡Sigan confiando! Mueran en fe luego de haber vivido en fe.

Tenemos que comunicar esto, porque muchos piensan que un solo instante de fe significa que tiene su boleto a la gloria. No, es una vida de fe. Jesús quiere salvarlo cada día de sus pecados, de usted mismo, y es solo la fe de hoy que me salva hoy.

Hay otra evidencia de esto. Habacuc 2:4 tiene una frase

clave: "El justo vivirá por fe". Se convirtió en la Magna Carta de la Reforma Protestante. Volvamos a Habacuc. Estaba en una discusión con Dios y le dijo: "Dios, no estás haciendo nada con relación a la maldad en Jerusalén. No haces nada con relación a la maldad en tu propio pueblo". Dios dijo: "Habacuc, haré algo. Traeré a los babilonios para que invadan Jerusalén y destruyan a todas estas personas malvadas mías".

Entonces Habacuc argumentó desde el punto de vista opuesto, y dijo: "No los destruirás a todos, Señor. Si vienen los babilonios, no quedará nadie. Simplemente matan a todos, y todavía hay algunas personas buenas. Sin duda no dejarás que los justos mueran además de los malvados". Dios dijo: "Habacuc, el justo vivirá por fe".

La palabra "fe" aparece solo tres veces en el Antiguo Testamento, y siempre significa "fidelidad". Siempre quiere decir seguir confiando en alguien. Se usa para un matrimonio que continúa. Lo que Dios está diciendo a Habacuc es esto: los que sigan confiando en mí no serán destruidos cuando vengan los babilonios.

Esa frasecita, "el justo sobrevivirá si mantiene la fe" —que es la traducción literal— es usada por tres escritores del Nuevo Testamento, que citan a Habacuc. Cada vez, el énfasis, el punto de su cita, está en la *continuidad* de la fe. Pablo escribió: "No me avergüenzo del evangelio, porque es el poder de Dios para la salvación de todos los que siguen creyendo" —tiempo presente continuo—, "porque es fe del principio al fin, como está escrito, 'el justo vivirá por fe'". ¿Notó la frase "fe de principio al fin"?

O tome Hebreos 10. Habacuc aparece citado ahí también. "... 'Pero mi justo vivirá por la fe. Y, si se vuelve atrás, no será de mi agrado'. Pero nosotros no somos de los que se vuelven atrás" [con el significado de volver a nuestra vieja vida] "y acaban por perderse, sino de los que siguen creyendo y preservan su vida".

Todo el énfasis que debemos comunicar a las personas es que no es este *paso* de fe o esta *decisión* de fe que las salva, sino que están comenzando una *vida* de fe. Al seguir confiando en el Señor seguirá siendo salvo, y nunca se echará a perder. Es lo que dice mi Nuevo Testamento. Es una *vida* de fe la que salva. Esto hace que tengan sentido todos los textos como "el que permanece hasta el fin será salvo". Hace que tenga sentido la solemne advertencia de Pablo: "Ustedes, creyentes gentiles, no se pongan orgullosos porque los judíos fueron cortados. Porque si ustedes no continúan en la bondad de Dios, ustedes también serán cortados". Estas son advertencias solemnes, y cada escritor del Nuevo Testamento nos da una advertencia de que no soltemos nuestra fe, que no perdamos la confianza en Dios, sino que sigamos confiando en él. La fe es algo continuo.

Ahora bien, si esto es la fe, ¿cómo ayudaremos a la gente a obtenerla? Las ayudaremos primero diciéndole los hechos. Obviamente, hasta tanto sepan lo que ocurrió, no podrán creerlo. Tenemos que darles la evidencia, si la necesitan. Sé que algunas personas plantean objeciones al evangelio porque quieren ser difíciles, y uno encuentra que, si contesta una objeción, han pasado a otra. ¿Conoce esa clase de persona? En realidad, no quieren que sus preguntas sean contestadas. No pierda el tiempo con ellas. Pero hay personas que quieren saber genuinamente. "¿Realmente ocurrieron esas cosas? ¿Qué evidencias existen de que Jesús resucitó?". Tenemos el deber de ayudar a las personas y de dar una razón de la fe que está en nosotros. El libro *Evidencia que exige un veredicto* de Josh McDowell es un libro fáctico útil. No veo cómo alguien podría leer un libro así y no creer los hechos históricos del evangelio en los cuales está basada nuestra fe. Probablemente hayan oído toda clase de cosas acerca del cristianismo que no son ciertas.

Para hacerlo personal, tenemos que poder permitir que

la gente interesada *vea* el evangelio, además de escucharlo. Aquí estamos tocando algo un poco diferente. Hay dos formas en las que tenemos que mostrarles el evangelio. Cuando Jesús envió a los apóstoles de dos en dos, dijo muy sencillamente: "Todo lo que tienen que hacer es ir al pueblo más cercano, resucitar muertos, sanar leprosos [que es como sanar el SIDA], sanar a los enfermos, echar fuera demonios y luego decirles que el reino de Dios ha llegado. Era lo que tenían que hacer ellos, y lo que tenemos que hacer nosotros. Sencillo, ¿no es cierto? El principio es mostrarle primero y luego dejar que lo escuchen. Dárselo primero en el ojo, y luego en el oído. Demostrar el reino, y luego declararlo. ¿Sabe lo que intentamos hacer nosotros? Tratamos de hacerlo todo con palabras. Les *decimos* el evangelio, pero no les mostramos cómo afecta a la gente personalmente.

¡En una reunión el Señor me dijo que demostrara su evangelio a mil quinientas personas sanando la caspa en el nombre del Señor Jesús! Me sentí como un tonto. Me levanté y dije: "Quiero que vean a Jesús en control de cada situación, y lo primero que él va a demostrarles es con la caspa". ¡La cara de mi esposa lo decía todo! "Finalmente se le soltó la chaveta. Lo he estado esperando por años, ¡pero finalmente sucedió!". Es lo que me contó después. El Señor comenzó ese día sanando la caspa. Pasó a sanar una mano tullida, una niña que nunca había podido usar su mano derecha. Siempre había sido una persona zurda con un cerebro diestro, que le causaba un estrés nervioso. Escribió a sus padres una hora después: "Queridos mamá y papá, estoy escribiendo con mi mano derecha". Terminamos con un muchacho que tenía un brazo y una mano paralizados de un accidente en un coche cuando tenía dos años. Siete semanas antes del campamento había estado intentando aserrar troncos con una motosierra a gasolina con una mano y se había sacado la rodilla derecha. Lo habían llevado de urgencia al hospital y salvaron su vida con una transfusión de sangre, pero unieron el hueso de la parte inferior de la pierna a la pierna superior, así que tenía un pequeño muñón. Llegó al campamento usando muletas. El jueves a la tarde en ese campamento, ese muchacho corrió con ambos brazos y piernas funcionando, de un extremo del campo de deportes al otro. Volvió al granero donde estábamos reunidos sentados sobre fardos de paja. Saltó sobre una pila de fardos de paja y bailó para que esos mil quinientos jóvenes lo vieran. Luego dijo: "Les voy a decir toda la verdad, y pueden reírse si les parece. Llegué a este campamento mojándome la cama. Tuve que traer una sábana de goma, porque me mojo la cama dos veces por noche. El Señor arregló eso también". Esos jóvenes vieron el evangelio. No solo escucharon la historia del evangelio, sino vieron lo que puede hacer para un individuo.

No solo necesitan ver las señales, sino que necesitamos mostrarles las acciones de una vida cambiada. Nietzsche, el filósofo detrás de Hitler, dijo en una ocasión: "Querría ser salvado si los cristianos parecieran más salvados". Si él hubiera visto personas cambiadas, tal vez nunca habríamos tenido un Adolf Hitler. Pero no las vio. Mahoma conocía cristianos, pero no vio vidas cambiadas. ¡Cuántos problemas se habrían evitado!

Lo hacemos personal cuando mostramos a las personas, cuando las dejamos ver qué diferencia puede hacer para los individuos. Las ayudamos a ser verbales alentándolas a orar a Jesús por sí mismas. Yo desaliento el uso de oraciones repetidas de la denominada "oración del pecador". Es mucho mejor decir a una persona: "Usted ore por sí misma a Jesús". Si escucha sus palabras sabrá dónde se encuentra. Pero hoy hay demasiado: "Ahora, repita conmigo: 'Señor Jesús [Señor Jesús], soy un pecador [soy un pecador], vengo a ti ahora [vengo a ti ahora]…'" Eso no es invocar el nombre del Señor.

Aliéntela a expresar sus propias palabras. Me encanta

escuchar las oraciones de creyentes nuevos. ¿A usted no? Son tan poco "eclesiásticas". No escucha oraciones que dicen "oh, Señor" de nuevos cristianos. ¿Sabe a lo que me refiero? *"Oh, Señor*, venimos a ti, *oh Señor*, para que en tu gloriosa voluntad nos bendigas, *oh Señor*, en tu bendita gracia, *oh Señor*, nos colmes de tus bendiciones, por tu infinita grandeza, *oh Señor*..." ¿Ha escuchado esta clase de oraciones? Nunca las escuchará de nuevos cristianos, solo de cristianos viejos. Tampoco escuchará oraciones "bueno". "Señor, *bueno*, venimos a ti esta noche, *bueno*, y te pedimos, *bueno*, para que nos bendigas, *bueno*..." ¿Ha escuchado oraciones "bueno"? Nos empecinamos tanto en nuestro ritualismo, ¿no es cierto? Pero aliente a los nuevos cristianos a orar por su cuenta y enséñeles a fijar metas de fe. Diga: "Ahora, tomemos un problema que tiene, tomemos una necesidad que tiene. Creamos juntos para esto". Entonces sabrá que tiene fe, cuando vea el resultado de eso. Comience con algo pequeño dentro de su fe. Comience con la caspa. Si no podemos sanar la caspa en el nombre de Jesús, ¿qué sentido tiene orar por un cáncer? Así que comience por algo real, algo pequeño, algo dentro del alcance de la fe de la persona.

Finalmente, tenemos que instalarlas a *seguir* creyendo, alentarlas a creer cada día, a encontrar alguna forma de confiar en Jesús, estirándose de tal forma que puedan encontrarse haciendo algo que no podrían hacer por su cuenta.

¡Hay mucho más que podríamos decir acerca de la fe!

4

SER BAUTIZADO EN AGUA

En cada parte de la iglesia, el tema del bautismo probablemente sea el tema más candente con relación al nuevo nacimiento. No solo los que bautizan bebés, sino aun los que bautizan a creyentes, a menudo tienen una verdadera dificultad para ver dónde encaja el bautismo en la salvación, ver dónde encaja en el nuevo nacimiento, y ver dónde encaja en el ingreso en la vida eterna aquí y ahora.

Por ejemplo, hay muchas personas que, aun cuando los creyentes son bautizados, no se dan cuenta de lo que Dios está haciendo en ese acto, y ven solo el lado humano. Algunos lo consideran una especie de "testimonio húmedo". Y otros lo ven simplemente como un acto de obediencia. Se asombraría cuántos pastores de denominaciones que bautizan a creyentes con los que hablo no pueden contestar la pregunta: "¿Qué está haciendo Dios para un creyente cuando es bautizado?". Lo ven como un acto puramente humano. Estaba hablando sobre esto en una oportunidad, y había una señora en la congregación de la isla Trinidad, que obviamente estaba acostumbrada a participar en los sermones, si sabe a lo que me refiero. "¡Predícalo, hermano!". Pero ella gritó: "¡Soy una metodista! ¡He sido lavada en seco!".

Le dije: "Señora, me gusta su humor, ¡pero no me gusta su teología!".

Ante todo, tengo que darle un poco de historia. ¿Dónde comenzó todo? En lo que se refiere a la Biblia, comenzó por Juan el sumergidor (es lo que significa la palabra "bautista", o Juan el hundidor, o Juan el mojador o Juan el empapador). Era todo lo que significaba. No tenía una mayúscula al principio. Significaba simplemente alguien que sumergía algo en otra cosa. Así que recibió el apodo de "Juan el bautista". Hasta donde sabemos, ningún otro lo había hecho antes que él. No obstante, desde los albores de la historia, es un hecho que, cuando las personas se sienten sucias adentro, invariablemente lavan el exterior.

Pilato, cuando intentó librarse de su culpa por condenar a Jesús a la muerte, pidió un cuenco de agua y dijo: "Me lavo las manos con relación a este hombre inocente". Estaba haciendo, de una manera física, algo que, en realidad, era intentar librarse de la suciedad en su interior: la culpa de su conciencia. Cualquier psiquiatra le contará de personas que están tan aquejadas por la culpa que siempre se están lavando las manos, bañándose constantemente. Cuando los hombres han cometido un acto de inmoralidad, a menudo les gusta darse una ducha, para por lo menos sentirse un poco más limpios. Así que, desde tiempos inmemoriales, ha habido un significado ritual en el lavado con agua; no es solo un acto físico. De hecho, en una boda del Oriente Próximo —y al día de hoy en una boda musulmana— el novio es llevado por sus amigos, no para una despedida de soltero sino para darle un baño. Lavan toda su soltería y lo presentan limpio a la novia. Entonces, lavarse con agua por algo diferente del lavado físico no es algo desconocido para la sociedad humana.

Por cierto, en el Antiguo Testamento, cuando los sacerdotes levíticos eran consagrados para el sacerdocio, se les hacían dos cosas. Eran lavados en agua y eran ungidos con aceite. En el nuevo pacto, todos los creyentes son sacerdotes. Así que, para ser consagrados como los sacerdotes que somos ahora —el sacerdocio de todos los creyentes— también tenemos que tener un lavado en agua y una unción, no con aceite sino con el Espíritu Santo, que es representado por el aceite (pero esto está en el próximo estudio de esta serie). Existe también una posibilidad, aunque aún no tenemos evidencia clara, de que aun antes de Juan el Bautista, un gentil que quería formar parte del pueblo judío era circuncidado y bautizado.

Muchos sostienen que Juan simplemente estaba copiando lo que se denomina el bautismo de "prosélitos" de los judíos. De ser así, su bautismo tiene que haber sido muy ofensivo, porque estaba diciendo a los judíos: "Ustedes necesitan ser bautizados". Si los judíos ya estaban usándolo con los gentiles, él estaba tratando a los judíos como gentiles, diciéndoles: "Ustedes no pertenecen al pueblo de Dios en absoluto". No sabemos con certeza si Juan lo recibió de otra persona, o simplemente de manera directa del Señor. Lo que sí sabemos es que lo que estaba haciendo era bautizar a las personas dentro del arrepentimiento.

Dice que bautizaba a las personas *en agua, dentro del arrepentimiento*. Ahora bien, esa primera expresión "dentro del" es tan importante como la segunda "en", porque le dice algo. Aquí está Juan el Bautista, que dice: "Yo los bautizo en agua, dentro del arrepentimiento; por lo tanto, deben estar en arrepentimiento antes que los bautice dentro del arrepentimiento". Ahora, sígame en este punto muy importante. Dice: "Ustedes produzcan frutos dignos de arrepentimiento, y yo los bautizaré dentro del arrepentimiento". El bautismo en agua estaba haciendo algo al arrepentimiento en el que ya estaban: llevándolo a un clímax, una compleción y una consumación. Es eso lo que hace el bautismo: lleva aquello en lo uno está ya a su clímax y consumación. Juan está enseñando esto: ustedes ya deben estar en arrepentimiento; si lo están, los bautizaré dentro del arrepentimiento. En inglés-español tendríamos que decir por lo general "bien adentro". Es como si yo, como pastor, dijera a una pareja: "Ustedes demuestren que está en amor y yo los casaré dentro del amor". El matrimonio no inicia el amor, sino que lo lleva a una consumación, un clímax, una compleción. Una pareja puede estar enamorada mucho antes de que se casen, pero la ceremonia de la boda y la consumación física del amor lo lleva a su expresión completa. ¿Me sigue? Esa es la importancia de "dentro de". En inglés, "dentro de" (*into*) significa por lo general la primera introducción en algo, pero en el griego significa ser metido completamente en algo. Tal vez ya me esté arrepintiendo de mis pecados, pero el bautismo en agua lleva ese arrepentimiento a su compleción: una solución final, un rompimiento final con la vida vieja. Tal vez ya esté creyendo en Jesús, pero el bautismo me lleva a la consumación de esa fe al identificarme de tal forma con su muerte, sepultura y resurrección, que ya está. ¿Está comenzando a entender lo que hace el bautismo? No marca por sí mismo el comienzo del arrepentimiento y la fe, pero lleva a ambos a su consumación, a su compleción, al hacer algo; al hacer Dios algo para el creyente.

    Los discípulos de Jesús tomaron la práctica del bautismo de Juan. Jesús mismo nunca bautizó. Simón Pedro tomo el indicio de Jesús, y Pedro luego se rehusó a bautizar, al igual que Pablo. ¿Por qué? Porque no querían que el foco estuviera en el bautizador. No importa quién lo bautiza a usted; no es el punto. Jesús no quería hacerlo, para que nadie pudiera decir: "Tuve un mejor bautismo que tú; Jesús me bautizó". Pedro no quiso bautizar a Cornelio. Dijo a otros que lo hicieran, para que Cornelio nunca pudiera decir: "Logré que Simón Pedro me bautizara". Si alguna vez usted dice: "Tal persona me bautizó", ha malentendido todo el asunto. En iglesias donde he sido pastor, he bautizado junto con otra persona. Así que los dos lo hicimos, y nadie podía decir: "él me bautizó". Lo importante no es la persona, sino la acción. Se convirtió, por supuesto, en parte del mandato misionero, y la iglesia primitiva bautizaba a todos. No existía tal cosa como un cristiano "no bautizado" en la iglesia primitiva. Habría sido una contradicción. ¿Cómo podría alguien decir: "He aceptado a Jesús como Señor" si no había hecho la primera cosa que había ordenado? ¿Cómo puede alguien decir: "Creo en Jesús" cuando no lo obedece? No tiene sentido. La primera cosa que Jesús dijo que hicieran sus discípulos era que bautizaran. Dijo: "Vayan y hagan discípulos de todas las naciones, bautizándolos y luego enseñándoles a guardar todo los que he ordenado". Uno comienza, y el primer acto de arrepentimiento, en fe, en la vida cristiana, es ser bautizado. La primera acción de confianza y obediencia es ser bautizado. Habría sido asombroso para los apóstoles en el Nuevo Testamente que las personas se consideraran discípulos de Jesús sin esto.

¿Cómo se hacía el bautismo en el Nuevo Testamento? Los sumergían. La palabra "bautizar" misma es una palabra griega, y significa una sola cosa. He hecho una lista con todos sus significados: empapar, bañar, zambullir, embeber, mojar, inundar, remojar, hundir, saturar, impregnar y saturar. Estas son todas las palabras en inglés-español que corresponden a la única palabra griega "*baptizo*", de donde obtenemos nuestra palabra "bautizar".

Algo que tal vez no sepa, y que lo impactará, fue escrito en el reglamento de la Sociedad Bíblica que he visto (me enviaron una copia). Decía que cada vez que las escrituras fueran traducidas al inglés, la palabra *baptizo* no debería ser reemplazada por una palabra en inglés. ¿Puede creerlo? Somos el único idioma en todo el mundo que no puede tener todas las escrituras en su propio idioma. Si fuera traducida con cualquiera de las palabras que he mencionado, muchas personas de la iglesia estarían molestas. ¿No es trágico? La palabra es transliterada. Lo que quiero decir con esto es que se deletrea con letras del inglés-español; no se traduce. De modo que *"baptizo"* se convierte en "bautizar", en vez de empapar, bañar, remojar, sumergir. Pero Juan el Bautista era Juan el sumergidor, Juan el bañador, Juan el remojador. Ese era su apodo y, dicho sea de paso, veremos en el próximo estudio que fue el mismo apodo que se le dio a Jesús. ¿Sabía que Jesús era un bautista? En el Evangelio de Juan se la da el mismo título, Jesús el sumergidor, excepto que él no sumerge a las personas en agua, sino que las sumerge en el Espíritu Santo.

Es el mismo título, la misma palabra, pero tenemos más evidencia en la Biblia que eso. Por ejemplo, tenemos un versículo en Juan 3. ¿Sabía que Juan 3 le dice cuánta agua usar en un bautismo cristiano? Es asombroso cuántas personas conocen Juan 3:16, pero no conocen Juan 3:23, que dice: "Juan estaba bautizando en Enón, cerca de Salín, porque allí había mucha agua". Ahora bien, si usted entiende el inglés-español, ¡no podría haberse expresado más claramente! Tenían que escoger un lugar donde hubiera mucha agua. También tenemos, en Hechos 8, al eunuco etíope. Dice que bajó al agua y salió del agua. Nada podría ser más claro. Al día de hoy, la iglesia ortodoxa griega siempre sumerge a los bebés. Me resultó fascinante ver la inmersión de un bebé en una iglesia ortodoxa griega por televisión. La pobre cosita desnuda fue sumergida tres veces: en el nombre del Padre, en el nombre del Hijo y en el nombre del Espíritu. Ese fue el final del servicio para todos los propósitos prácticos. Uno no podía adorar después de eso. El bebé objetó furiosamente. Si pudiera hablar objetaría teológicamente, ¡pero estaba objetando de la única forma que conocía. Lo interesante es que los griegos nunca rociarían agua sobre un bebé. ¿Cómo se puede sumergir mediante un rociado? ¿Cómo puede uno zambullir con un rociado? Dirían que no tiene sentido, porque conocen la palabra griega original. Hasta hace poco, comparativamente, todos los bebés en Gran Bretaña eran sumergidos. Mire el tamaño de la pila en una iglesia medieval. ¿Se ha fijado alguna vez? ¿Piensa que tenían bebés más grandes en esos días? No, los sumergían, los zambullían; todavía conocían el significado de la palabra. Ahora hemos perdido casi ese significado.

¿Por qué debería ser tan importante estar *en* el agua, en vez de que el agua esté sobre nosotros? Es porque el bautismo, en el Nuevo Testamento, tiene un doble significado. Tiene el significado de la limpieza, el significado de darse un baño. Pero también tiene el significado de una sepultura. En el Nuevo Testamento, es a la vez un baño para los que están sucios y una sepultura para los que están muertos. Rociar agua sobre una persona podría comunicar el significado de un baño, pero no comunica el significado de una sepultura: ser sumergido en el agua, fuera de la vista. Uniendo estas dos cosas, Jesús nos ordenó sumergir a las personas en el nombre del Padre, del Hijo y del Espíritu Santo. Por supuesto, fue lo que hicieron. Desde el día de Pentecostés en adelante, se suponía que la persona que respondía al evangelio comenzaría con un baño y una sepultura combinados, con la sustancia más común disponible en la tierra, a saber, agua.

He escuchado de lugares donde no había agua disponible, como en partes de India, por la sequía. Cavaban un agujero en la tierra, lo cubrían con una sábana de algodón blanca, acostaban la persona encima, la cubrían como si fuera una mortaja, y rociaban el agua preciosa hasta que se mojaba la mortaja. Lo pueden hacer con medio de litro aproximadamente, que es todo lo que tienen. Estoy seguro de que el Señor entiende. Pero la forma normal de ser bautizado es ser bañado y sepultado. Eso, como la palabra misma indica, debe ser hecho mediante inmersión, siendo sumergido, empapado, saturado, lavado. Pero hay más.

¿Por qué se hacía? Si lee el Nuevo Testamento, hay treinta y un pasajes que le dicen por qué bautizaban a las personas. En casi todos los casos la respuesta no es en términos de lo que el hombre hace para el Señor, sino de lo que el Señor hará por las personas en el bautismo. Lea esto con cuidado: el énfasis está en un lenguaje *instrumental*. El Nuevo Testamento no trata el bautismo como un símbolo sino como un suceso. El Nuevo Testamento habla de para qué *es*: lo que logrará, lo que efectúa. Cuando uno lee esos pasajes, son asombrosos. Permítame recorrer unos pocos. Marcos 16 dice: "El que crea y sea bautizado será salvo". Aquí, la palabra "salvo" está vinculada directamente con el bautismo, lo cual es asombroso.

Tome Juan 3. Nicodemo dijo: "¿Cómo puede un hombre nacer de nuevo? No puede volver a entrar en la panza de la mamá y volver a salir". Jesús dijo que uno necesita volver a nacer "fuera del agua y el Espíritu". Lo interesante es que usa la expresión "fuera de", que significa que uno tiene que meterse en algo para poder salir de eso. La nueva vida sale fuera del agua, sale fuera del Espíritu. Pero, como señalé anteriormente, he escuchado muchos sermones sobre "Tienes que nacer de nuevo", ninguno de los cuales explicaba lo que significaba la palabra "agua". Nicodemo, no tengo ninguna duda, entendió que Jesús lo estaba criticando, como fariseo, por rechazar el bautismo de arrepentimiento de Juan, porque esa era su condición.

La mayoría de los comentaristas a lo largo de las edades han considerado que Juan 3:5 es una referencia al bautismo en agua. ¡La alegría de simplemente aceptar la palabra de Dios tal como es! Cuando Dios dice "agua", significa agua; es todo. Cada vez que encontramos la palabra "agua" en el Evangelio de Juan, significa agua. Si alguna vez significa otra cosa, el autor lo califica con un adjetivo, como en "agua viva". Entonces uno sabe que no es agua. Cuando dice que Jesús cambió el agua en vino, significa agua y significa vino. Cuando Juan el Bautista dice: "Yo los bautizo en agua, pero tú bautizas en el Espíritu Santo", la palabra "agua" significa agua. Cuando dice que Juan estaba bautizando en Enón, cerca de Salín, porque había mucha agua, ¡significa agua!

No intente hacer que la palabra de Dios sea difícil para usted. Jesús dijo "nacido fuera del agua y el Espíritu", y sabemos lo que significa "Espíritu", y sabemos lo que significa "agua". En el día de Pentecostés, cuando las personas decían: "¿Qué debemos hacer...?", dice que Pedro les dijo muchas otras cosas. No tenemos un registro de todas las cosas que les aconsejó. Estoy seguro que los aconsejó en las cuatro cosas que le estoy diciendo. Dijo: "Arrepiéntase y bautícese cada uno de ustedes en el nombre de Jesucristo para perdón de sus pecados". Es para eso. Más tarde, Saulo de Tarso se encontró con el Jesús resucitado en el camino a Damasco. Tres días después, un anciano llamado Ananías vino y dijo: "Hermano Saulo" (requirió mucha gracia decir eso), "¿qué esperas? Levántate y sé sumergido, y haz que tus pecados sean lavados, invocando su nombre". Así sigue en todo el Nuevo Testamento. En Efesios 5, Pablo dice que Jesús ha lavado su iglesia mediante el lavamiento de agua mediante la Palabra. El lavamiento de agua, y eso significa agua.

Hebreos 10 dice: "Acerquémonos a su trono con plena seguridad de fe, teniendo nuestros cuerpos lavados con agua limpia y nuestras conciencias rociadas". Rocíe su conciencia, pero lave su cuerpo con agua limpia. Es claro como el día. Creo que la afirmación más asombrosa está en 1 Pedro 3:21b, donde escribe: "... el bautismo... ahora los salva, no lavando la suciedad de su cuerpo, sino como una apelación a Dios de una conciencia limpia, a través de la resurrección de Jesús de los muertos". La palabra "salva" ahí significa lo que significa en cualquier otra parte. Sin embargo, la mayoría de los cristianos no pueden relacionar el bautismo con la salvación. ¿No es asombroso? La pregunta más frecuente que recibo es: "¿Debe uno ser bautizado para ser salvo?". ¿Cuántas veces deberá decirlo la Palabra de Dios antes que la creamos?

Todos los apóstoles tratan el bautismo como un suceso en el cual Dios está haciendo algo. Lo comparan con sucesos relacionados con el agua en el Antiguo Testamento, donde Dios hizo algo por su pueblo. Pablo, por ejemplo, dice que el bautismo es como cruzar el mar Rojo para el judío. ¿Qué significaba para un judío este cruce? Dice que, cuando los judíos cruzaron el mar Rojo, fueron bautizados en Moisés. Ahora bien, ya habían estado siguiendo a Moisés durante tres días, así que no dio comienzo a su seguimiento de Moisés. Los llevó a un clímax en el cual el faraón fue dejado en la otra orilla, y tenían un solo jefe ahora: Moisés. Mientras estuvieran del otro lado del agua, estaban al alcance del faraón.

Lo que fue el cruce el mar Rojo para un judío con relación al faraón, es el bautismo para el cristiano con relación a Satanás. Romanos 6 dice: "Una vez que han sido sepultados con Cristo en el bautismo, el pecado ya no tiene dominio". Usted se encuentra en la orilla correcta del mar Rojo. Ha sido librado, literalmente, del territorio de Satanás. Eso hace que el bautismo sea una liberación. Quiero que se dé cuenta de que muchos cristianos no necesitarían un ministerio de liberación si vieran lo que su bautismo había hecho en la realidad. ¿Lo entiende? Así como las tropas del faraón fueron ahogadas en el agua del mar Rojo, los demonios de Satanás son ahogados en el agua del bautismo, y el pecado ya no tiene dominio sobre usted. Puede decir realmente: "Satanás, vete al infierno. Estás hablando con una persona muerta. Estuviste en mi funeral".

La sepultura señala el adiós final. He tomado muchos funerales. A veces he ido a la casa de una viuda que me saluda en la puerta antes del funeral y me dice: "Hola,

Sr. Pawson, ¿quisiera ver a mi esposo? Está en la sala de adelante". Qué forma extraña de hablar, ¿no es cierto? Voy a la sala de adelante, y está ahí acostado. La viuda le palmea la cabeza, acomoda la almohada, besa la frente, como si todavía estuviera ahí. Luego vamos al funeral, y volvemos del cementerio para comer unos sándwiches y tomar una taza de té. Mientras comemos, la mujer me dice: "Sr. Pawson, mi esposo fue un buen hombre para mí". Ahora bien, ¿por qué, antes del funeral, dijo: "Es un buen hombre" y, luego del funeral: "Fue un buen hombre"? Porque el sepelio es el final último de la vida. No es la muerte la que finaliza su relación, sino la sepultura. Usted sabe que nunca más la volverá a ver o a tocar. Ya está. Esta es la razón por la que, después de un desastre, las familias quieren los cuerpos, para que puedan despedirse como corresponde. Está bien tener un funeral, para saber que no hay más relación. Por supuesto, el matrimonio es solo para este mundo, y no se renueva en el próximo. Es "hasta que la muerte nos separe". Por eso Satanás odia el bautismo, porque sabe que es la sepultura, el adiós final a la vida vieja.

Estuvimos con mi esposa en Arabia un tiempo. Allí, cuando los musulmanes eran bautizados, firmaban su sentencia de muerte. Eran asesinados: acuchillados, envenenados. Algunos vieron sus casas quemadas con sus familias adentro. A los musulmanes no les importaba que fueran a la iglesia, que leyeran la Biblia, que dijeran que eran cristianos. Pero cuando se bautizaban sabían que era el final; ya no los podían tocar. Satanás lo sabe también. Pedro lo comparó con el diluvio de Noé. Así como el agua del diluvio de Noé señaló el final completo del mundo en el cual vivía y lo trajo a un nuevo comienzo, lo mismo hace el bautismo para usted.

He hablado frecuentemente de un hombre que vivía a solo un par de kilómetros de nuestra casa. Cuando llegó a

Cristo unos años atrás, formaba parte de la banda de moteros "Hell's Angels".[3] Se había metido en toda clase de cosas que no tendría que haber tocado. Sabía que la primera cosa que debía hacer era bautizarse, pero no quería hacerlo porque estaba cubierto de tatuajes. Había notado que la gente de la iglesia no se tatuaba mucho, y también sabía que la camisa se transparentaba con el agua. Así que fue a un cirujano plástico y le dijo: "¿Puede sacarme este tatuaje?". Porque uno de sus tatuajes era una imagen del diablo, que se había hecho cuando formaba parte de la banda. Y no podía enfrentar la posibilidad de ser bautizado y que los cristianos vieran al diablo en su cuerpo. El cirujano dijo: "No con el servicio de Salud Nacional, porque es cirugía cosmética. Le costará varios cientos de libras, y llevará meses. Podría quemarlo, pero deja una cicatriz. Lo que hacemos normalmente es injertar piel de otras partes de su cuerpo para reemplazar esa piel".

El muchacho dijo: "Bueno, no tengo el dinero, y no tengo el tiempo". Así que fue a ver a un amigo mío para que lo bautizara (creo que el bautismo se realizó en una piscina). Descendió al agua para sepultar su pasado y lavar sus pecados. Cuando salió, un tatuaje había desaparecido. No los otros, sino ese. En esa agua, Dios había lavado el diablo del cuerpo de su hijo. Dios no iba a permitir que estuviera la marca de Satanás en ese hijo suyo. Si usted le dice a ese muchacho que el bautismo es solo un símbolo, creo que se le reiría en la cara. Lo vio como una liberación. Así como todo judío hoy celebra la Pascua y recuerda la mano poderosa de Dios llevándolos a través del agua del mar Rojo, también un cristiano mira atrás al día de su funeral. Tengo un amigo, un pastor, que, cuando bautiza, dice: "Ahora, es tu funeral. Disfrútalo". Usted puede arrojarle ese funeral a la cara de Satanás siempre después. "Tan cierto como que Jesús fue sepultado, yo he sido sepultado".

Cuando Jesús salió de la tumba, no tuvo más contacto con Pilato, ni con Satanás, ni con Anás y Caifás; estaba fuera de su alcance. Nadie puede tocarlo ahora. Nadie puede tocarlo a usted, y puede dejar en evidencia a Satanás y decir: "He sido crucificado con Cristo, he sido sepultado con Cristo, he sido resucitado con Cristo".

Es que ser un cristiano no es solo decir: "Creo que él fue crucificado por mí". Es poder decir: "He sido crucificado con él". No alcanza con decir: "Creo que él fue sepultado por mí". Tengo que poder decir: "He sido sepultado con él". No es suficiente decir: "Creo que Jesús resucitó". Tenemos que poder decir: "He sido resucitado a una nueva vida". En otras palabras, esos hechos históricos sobre los cuales está basada nuestra fe tienen que convertirse en mi propia experiencia en la historia, de modo que ahora sé que son verdaderas porque me sucedieron a mí. Sé que él ha sido crucificado porque yo he sido crucificado. Sé que él fue sepultado porque en su nombre he sido sepultado. Sé que él resucitó porque el mismo poder que lo resucitó es ahora mío.

Cuando hablo así obtengo toda clase de reacciones. Las dos preguntas más frecuentes que me hacen son, primero: "¿Y la regeneración bautismal?", que es un verdadero cuco para algunos cristianos. Segundo: "¿Y el bautismo de bebés?". He escrito con bastante detalle sobre este tema en otras partes, así que me limitaré a registrar aquí que no puedo hacer encajar el bautismo de bebés en mi entendimiento del nacimiento cristiano normal en el Nuevo Testamento. Lo lamento, porque sé que ofende a muchos cristianos. La razón por la que no puedo aplicar el significado del Nuevo Testamento del bautismo a los bebés no es por la *práctica*, sino por su *significado*.

Si el bautismo es un baño para personas sucias, ¿cómo puede ser un baño para un bebé que aún no está sucio? Si el bautismo es una sepultura para alguien que está muerto,

¿cómo puede hacerse con un bebé que no está muerto? No tiene sentido el bautismo hasta que alguien esté sucio y muerto. El problema es que, si usted aplica la enseñanza del Nuevo Testamento a bebés, le queda un entendimiento supersticioso o mágico de lo que ocurre, o tiene que convertirlo en un mero símbolo que no hace nada. Esa es una trampa en la que no deberíamos meternos, así que estoy siendo muy franco aquí.

Fue un descubrimiento asombroso para mí que los reformadores protestantes Martín Lutero, Juan Calvino y Ulrico Zuinglio, cuando redescubrieron la verdad de la justificación por fe, se dieron cuenta de que era completamente incompatible con el bautismo de bebés. ¿Cómo puede ser justificada una persona por fe cuando tiene la edad suficiente como para creer y ser salvada también, si es un bebé? No cuadra. ¿Podría creer que todos esos reformadores proponían abiertamente que debíamos volver al bautismo de creyentes? Llegaron a decir que el bautismo de bebés era malvado y una gran profanidad. ¡Pero ninguno de ellos volvió al bautismo de creyentes! Eso fue algo asombroso que ocurrió hace varios siglos: se dieron cuenta de la verdad, pero no la practicaron. Lo cual plantea la pregunta: ¿por qué no practicaron lo que predicaron? La respuesta es, lamentablemente, demasiado sencilla: porque todos ellos establecieron iglesias estatales. Uno no puede tener una iglesia estatal que practica el bautismo de creyentes, porque una iglesia estatal debe recibir como miembros a todos los ciudadanos que nacen en el estado. Ahora ve el problema. Si bien propiciaban el bautismo de creyentes, se dieron cuenta de que no podrían tener iglesias estatales y el bautismo de creyentes, y todos se acomodaron a una especie de iglesia estatal en la que un bebé nacido en el estado debía ser acogido por la iglesia. En un sentido, creo que la Reforma nunca se completó y nos hemos quedado con una práctica medieval de la cristiandad: una combinación de iglesia y estado de la cual aún no nos hemos librado. La verdad es que muchos ciudadanos en el Reino Unido han sido bautizados de bebés, pero en todo el mundo ha habido un vuelco hacia el bautismo de creyentes. Aun dentro de las iglesias estatales, hay ahora una lista publicada de iglesias anglicanas que tienen piscinas disponibles para el bautismo por inmersión. Creo que es solo cuestión de tiempo, pero desearía que pudiésemos ir más rápido.

Lo más preocupante para mí es que muchos miles que toman una decisión o hacen un compromiso (como decimos) en cualquier misión grande, en el momento que más necesitan de un baño se les dice: "No puede tenerlo porque ya ha sido bautizado". Creo que es privarle de un medio de gracia vital, y creo que es hora que volvamos a la Biblia con sinceridad y digamos: "¿Podemos aplicar el significado del bautismo del Nuevo Testamento a bebés?". Mi respuesta es: "No, no podemos". Si el bautismo es realmente para el perdón de pecados, ¿qué tiene que ver eso con un bebé? El bautismo no tiene nada que ver con sacarlo del infierno, y todo que ver con hacer que quede limpio.

Recuerdo cuando bauticé al cantante Cliff Richard. Escribió en su autobiografía una descripción muy vívida, libre de toda jerga. Dijo: "David Pawson me lavó, me enjuagó y me colgó para que me seque; y nunca me sentí más limpio en toda la vida". Uno ciertamente se siente limpio, adentro y afuera. Dios está llevando el perdón de usted a su consumación, llevando la fe de usted a su clímax. Así como el matrimonio lleva el amor entre dos personas a su consumación, que es aun el comienzo del matrimonio, de la misma forma el bautismo lleva mi arrepentimiento y mi fe a su clímax. No puedo aplicar nada de eso a un bebé; simplemente no encaja.

La gente me pregunta: "¿Y la regeneración bautismal?".

Es una frase que se refiere a la creencia de que el bautismo salva por sí solo. Yo crecí en los días en que las personas creían sinceramente que un bebé era salvado del infierno al ser bautizado. Esa creencia aún está con nosotros. Cuando no bautizamos a nuestros tres niños de bebés, los parientes nos decían: "Pero, ¿qué pasará si el bebé muere?". Si Dios fuera la clase de Dios que enviaría a mi bebé al infierno porque no tiene unas gotitas de agua encima y no se pronunció una fórmula sobre él, no podría amar a ese Dios. Ese Dios es un tirano arbitrario. Las personas dicen: "Bueno, ¿y qué ocurre con los bebés que no han sido bautizados?". "Lo mismo que ocurre con bebés bautizados". "¿Qué ocurre con ellos, entonces?". "No sé".

En ninguna parte de la Biblia me dice lo que ocurre con un bebé que muere. Entonces, ¿qué decimos a una madre o a un padre cuando muere un bebé? Lo que yo digo es: "Escuchen. Cuando conozcan a Dios tan bien como yo, sabrán que todo lo que haga con su bebé estará bien. Ustedes son llamados ahora a confiar en él. Él no nos ha dicho lo que hace. Nos ha dicho que confiemos en que él hará lo correcto". Eso, creo, es lo que debemos decir. No debemos dar un falso consuelo, o inventar algo que no está en la Palabra de Dios. A él le ha parecido correcto no decirnos, pero nos ha dicho que confiemos en él. Ahora bien, la regeneración bautismal es la creencia de que el bautismo mismo, las palabras correctas y un poco de agua, salva a la persona. No creo en eso. Ni siquiera creo en la regeneración bautismal para creyentes.

Lo que sí creo es que, en el contexto de un creyente penitente que entra en el agua, esa agua es un medio de gracia y tendrá un efecto espiritual sobre la persona llevando su perdón, su limpieza y su rompimiento con la vida antigua a su clímax y consumación, y forma parte de que sea salvada, no del infierno sino de sus pecados. Es parte de permitirle vivir una vida limpia y justa aquí.

Si usted está preocupado con ser limpio de sus pecados verá esto como la asombrosa oferta de Dios, de su gracia, para que pueda comenzar limpio. En el capítulo que sigue pensaremos en el otro bautismo que necesita todo creyente para vivir bien, que es el bautismo del Espíritu Santo.

5

RECIBIR EL ESPÍRITU SANTO

La mayoría de los cristianos en Occidente sufren de haber tenido una educación occidental. Me refiero a que nuestro sistema educativo está basado en la filosofía griega, no en el pensamiento hebreo. Nos cuesta mucho darnos cuenta de cuán profundamente nos afecta esto. La diferencia entre el pensamiento griego y el pensamiento hebreo es que los griegos nunca pudieron, de alguna forma, relacionar lo físico con lo espiritual. Los mantenían tan separados que nunca podían verlos juntos. En términos generales, los griegos vivían de una de dos formas. Había griegos muy físicos que vivían en el mundo material, y había griegos muy espirituales que vivían en un mundo espiritual. De modo que uno tenía de un lado personas muy autocomplacientes que vivían en la carne, y por otro lado personas muy ascéticas que vivían en el espíritu. Pero no podían juntar las dos cosas.

Esto ha tenido efectos terribles en el pensamiento occidental. No sabemos qué hacer con Cantar de los Cantares en la Biblia, por ejemplo. Es un libro muy físico. La gente intenta encontrar significados espirituales ocultos en él. Una vez vi un comentario bíblico que decía: "entre mis dos pechos" en Cantares significa el Antiguo y el Nuevo Testamento. Pensé: "Socorro, necesito gracia urgentemente", porque cuando leo esa frase no veo el Antiguo y el Nuevo Testamento. Pensé: "Debo ser un cristiano muy carnal". Eso era debido a mi trasfondo griego que no puede ver lo físico y lo espiritual juntos. Pero los hebreos dicen que nuestro Dios, que es Espíritu, hizo el mundo material. Así que lo físico y lo espiritual están muy juntos. Por lo tanto, los milagros ocurren cada día.

El pensamiento griego ha llevado a la idea de que un suceso físico no puede tener un efecto espiritual. Ese es el problema básico que tiene la gente con tratar de encajar el bautismo en agua con la salvación. No pueden ver cómo un suceso físico puede tener un efecto espiritual, porque no pueden ver ninguna conexión entre ambos. Pero la Biblia está llena de conexiones entre ambos.

El árbol del conocimiento del bien y del mal era un árbol físico con fruto físico, pero comer de él tenía un efecto espiritual profundo. Tengo un pedazo de plástico y metal en mi estudio, y ese pedazo de plástico y metal pueden hacerme muy feliz, puede hacerme muy triste, puede tentarme y también puede levantarme espiritualmente. Uno tiene que manejarlo de cierta forma. Tiene que tomar un pedazo, y luego hacer algo con el otro pedazo.[4] Pero puede tener efectos espirituales extraordinarios sobre mí, y es solo un pedazo de plástico. Cuando uno toma pan y vino en la comunión, es solo pan y vino, pero uno podría morir por comer y beber. Ciertamente podría estar físicamente enfermo por tomarlo, según dice mi Biblia, y es solo pan y vino.

Cuando Cristo quiso curar a un hombre, escupió, hizo barro con la saliva y el polvo, luego lo aplicó a los ojos, y eso trajo la vista. Ahora usted puede comenzar a ver cómo, en el pensamiento hebreo, sepultar y lavar a alguien en una piscina de agua puede limpiar a la persona en su interior. Dios no tiene problema en usar agua para limpiar su conciencia, porque es el Dios que es todopoderoso. Puede usar cosas físicas. Por supuesto que sabemos que en el mundo del ocultismo las personas juegan con una tabla ouija y pueden comunicarse con demonios. Cuánto más a través de agua y el bautismo, y a través del pan y el vino en la comunión, uno puede comunicarse con Dios.

¿Cuál es la conexión? En el último estudio intenté mostrarle que el bautismo es un suceso físico con un efecto espiritual. Eso no es ningún problema para Dios; solo es un problema para cristianos occidentales con mentes griegas.

Hemos llegado al cuarto paso del nuevo nacimiento, que es recibir el Espíritu Santo. Encontraremos que, en la mayoría de los casos en el Nuevo Testamento, las personas recibieron el Espíritu Santo a través de un acto físico, la imposición de manos. Hay solo dos casos en todo el Nuevo Testamento en que las personas recibieron el Espíritu Santo sin ese acto físico. La gente dice: "¿Cómo puede un acto físico tener un efecto espiritual?". Bueno, estamos redescubriendo que nuestros cuerpos físicos pueden servir a Dios. Hemos redescubierto la adoración aeróbica. ¿Sabe lo que es la adoración aeróbica? Es cuando el líder dice: "¡Abajo las manos los que quieren café!". Es cuando usamos nuestros cuerpos para adorar. La Biblia está llena de personas que usan sus cuerpos, alzando las manos en oración, aplaudiendo a Dios. La Biblia dice: "Aplaudan, pueblos todos". La gente dice: "Oh, pero no quiero hacer nada con mi cuerpo en la adoración. Solo quiero adorar a Dios con mi alma". Pero los hebreos adoraban a Dios con sus cuerpos. Danzaban ante el Señor, aplaudían al Señor, levantaban sus manos en oración al Señor e imponían manos a las personas para comunicarles poder espiritual. Imponían manos a los enfermos, imponían manos a los sacerdotes, y en el Nuevo Testamento la forma normal de recibir el Espíritu Santo era imponer manos. Ese es el origen de la confirmación, pero lamentablemente ha perdido ese significado, con muy pocas excepciones, cuando las personas reciben el Espíritu Santo al ser confirmadas. Conozco a un obispo que dijo: "Cuando impongo mis manos sobre ustedes estoy orando para que el Espíritu Santo venga sobre ustedes". Con esa fe, está comenzando a suceder. ¡Escuché de otra señora que de pronto estalló en un nuevo idioma y el obispo casi se salió de la mitra! Era la primera vez que había funcionado. Pero esa es la forma normal, y no tiene que ser un obispo. Puede ser cualquier creyente. Ananías impuso sus manos sobre Saulo de Tarso para que recibiera el Espíritu Santo.

Lo primero que tengo que decir al respecto es que todo cristiano necesita dos bautismos: uno en agua y uno en el Espíritu, de modo que nace fuera del agua y fuera del Espíritu. Además, si uno pone demasiada esperanza en el bautismo en agua se desilusionará. El bautismo en agua trata con su pasado: sepulta su pasado, lava el pasado, pone fin al pasado. Lo deja limpio y vacío, y esta es una situación espiritual muy peligrosa. Algunos de los cristianos más miserables que encontrará jamás están limpios y vacíos. Jesús dijo, de hecho, que es peligroso limpiar su vida y dejarla vacía. Porque, dijo, uno puede sacar un demonio, pero va y busca a sus compañeros, y vuelve y encuentra la casa limpia y vacía, y se muda con seis de sus compañeros. Entonces uno tiene siete demonios.

Es vital que, una vez que logró limpiar a una persona, sea llenada. Esa es la razón por la que, en el Nuevo Testamento, tan pronto bautizaban a las personas en agua les imponían las manos y oraban para que recibieran el Espíritu Santo. Es muy importante no solo sacar los pecados de la vida de una persona, sino ver que su vida sea llenada con otra cosa o con otra persona. Porque la naturaleza detesta el vacío, y la naturaleza humana detesta el vacío. Si usted solo está limpio y vacío, se convierte en un cristiano negativo. Usted dice: "No fumo, no bebo, no apuesto, y no hago esto, no hago aquello, no hago…" ¡Qué forma de vivir, sin hacer cosas! ¿No es acaso miserable? No es de extrañar que las personas sean miserables: no tienen el placer del pecado y no tienen el placer de la salvación. Están atrapadas en el medio, en el desierto. Han sacado todas las cosas malas de su vida y no tienen nada bueno para reemplazarlas. Dios, en su sabiduría, nos dice que necesitamos dos bautismos: uno para tratar con el pasado y uno para tratar con el futuro. Uno para vaciar y limpiar su vida, y el otro para llenarla. Hay demasiadas personas que han sido vaciadas, pero no llenadas. No hay nada que haya reemplazado los placeres del pecado. La Biblia habla de "los efímeros placeres del pecado". No dura, pero uno puede disfrutarlo durante un tiempo. Pero si no lo reemplaza con nada, se convierte en un santo miserable, y seguirá llamándose así usted, y teniendo esa apariencia.

Nos interesa ahora una persona que se ha arrepentido y creído, y ha sido bautizada en agua, pero todavía hay algo más. Ha *muerto* con Cristo, ha sido *sepultada* con Cristo y necesita ser *resucitada* con Cristo a una nueva vida. Necesita ingresar al mismo poder que resucitó a Jesús de los muertos. Esto viene de Pentecostés. Así como la Pascua es repetida en la vida del creyente, el Pentecostés necesita ser repetido. En el domingo de Pentecostés la mayoría de los cristianos parecen pensar solo en algo que ocurrió dos mil años atrás. Pero lo que ocurrió hace dos mil años debería volver a ocurrir en mi vida. Debo ser crucificado, debo ser sepultado, debo ser resucitado y debo ser llenado. Estos no son solo sucesos históricos, sino la primera ola, el primer modelo. Jesús es llamado en la Biblia nuestro "Pionero", el que fue adelante primero y nos mostró el camino que debemos seguir. Hay un sentido muy real en el cual yo lo sigo en el Camino (el primer nombre del cristianismo fue "el Camino").

La primera cosa que quiero afirmar muy claramente es esto: *recibir el Espíritu Santo no es lo mismo que arrepentimiento*. Unas pocas personas confunden estas dos cosas. Además, *recibir el Espíritu Santo no es lo mismo que creer*. Muchos cristianos tienen confundidas estas dos cosas. Tal vez la confusión más común es pensar que el momento que uno cree en Jesús es el momento en que recibe el Espíritu, sea que ocurra algo o no. Eso no está apoyado por la Biblia. Si nada ocurría, los apóstoles decían: "No han recibido", y hacían algo al respecto. Porque no hay un solo caso en el Nuevo Testamento de alguien que haya recibido el Espíritu y no lo haya sabido, y no existe un caso de alguien que haya recibido el Espíritu sin que todos los que estuvieran presentes en la ocasión lo supieran.

Era una experiencia definida, tan definida que muchos eruditos de la Biblia han hecho comentarios como estos: "Era claramente tan evidente como tener una gripe". Ahora bien, uno sabe cuando tiene gripe, y también, lamentablemente, ¡su familia y todos los que están cerca de usted! La tragedia es que miles de personas que se llaman cristianas no saben cuándo recibieron el don que recibieron los apóstoles, o si lo han recibido siquiera. Una de las razones de esta confusión es que hemos transferido la palabra "recibir" de la tercera persona de la Trinidad a la segunda.

Permítame ampliar esto. Cuando Jesús estaba sobre la tierra en la carne, uno podía *recibirlo*. Literalmente, usted podía abrir la puerta y decir: "Entra, Jesús, siéntate y come con nosotros". Dice en los Evangelios que él vino a su propio pueblo [los judíos] y los suyos no lo recibieron, pero a los que los recibieron les dio autoridad [no poder, no podía dar poder a esta altura] para llegar a ser hijos de Dios. Ese versículo se usa hoy a menudo incorrectamente para este período. No debería ser usado para la evangelización hoy. Era una afirmación acerca de Jesús cuando estaba entre los judíos en la carne. A lo largo de todos los Evangelios algunas personas lo recibieron y algunos no lo recibieron. Pero desde el día que ascendió y los cielos lo recibieron fuera de la vista de sus discípulos, nunca después se le dijo a alguien que recibiera a Jesús. Sin embargo, lo estamos diciendo todo el tiempo. ¿Por qué?

Desde el día de Pentecostés en adelante, en toda su predicación, los discípulos dijeron a las personas que *recibieran el don del Espíritu*, la persona que Jesús había enviado para ocupar su lugar en la tierra. Jesús no está en la carne ahora. Está sentado a la diestra del Padre en el cielo. Ha tomado su autoridad. Otra persona lo ha reemplazado en la tierra. Ha enviado a otro consolador, otro fortalecedor como él. Él, el Santo Espíritu, que es la persona que debemos recibir. Hemos tomado *creer en Jesús* y *recibir el Espíritu* y los hemos combinado en una sola cosa. Lo hemos llamado "recibir a Jesús", y hemos dejado a las personas sin saber si han recibido el Espíritu o no. Esa es la fuente de muchísima confusión. Desde el día de Pentecostés, la predicación era: arrepiéntanse, sean bautizados y recibirán… ¿a quién? Al Espíritu. Eso es lo que hace que una persona sea cristiana, y si alguien no tiene el Espíritu de Cristo, no pertenece a él.

Esa es la prueba de fuego de si usted es aceptado por Dios: no si se ha arrepentido, no si ha creído, no si ha sido bautizado, sino si ha recibido el Espíritu Santo. "¿Cómo sabemos que permanecemos en él, y que él permanece en nosotros? Porque nos ha dado de su Espíritu". Esa es la base misma de la seguridad en el Nuevo Testamento. Uno no puede saber si una persona ha sido justificada, o si ha sido recibida por Dios, o si ha sido aceptada por él, hasta que el Señor le haya dado su Espíritu. Ese es el sello de Dios sobre toda la transacción. Es imposible decir si una persona pertenece a Dios hasta que haya dado el cuarto paso, hasta que se haya alcanzado el cuarto paso.

Entonces sabe. Dios no da su Espíritu al mundo, porque el mundo no puede recibirlo. Solo un verdadero creyente puede recibir su Espíritu. Por eso es la evidencia de que usted pertenece a Cristo: que usted ha recibido su Espíritu. Ninguno de los otros tres pasos puede darle evidencia, pero ese puede y debe hacerlo. Ese es el corazón mismo de eso.

Ahora echemos una mirada a lo que dice el Nuevo Testamento acerca de la recepción del Espíritu. He dicho ante todo que se diferencia del arrepentimiento, pero que pocas personas piensan que es lo mismo. No es lo mismo que creer. Hay demasiados cristianos que se han confundido sobre esto, pero es posible creer en Jesús sin recibir el Espíritu. Eso fue lo que ocurrió en Samaria, en Hechos 8. Es lo que ocurrió en Hechos 19, cuando Pablo tuvo que preguntar a ciertos discípulos: "¿Recibieron el Espíritu cuando creyeron?". He tratado esos pasajes con mucho detalle en otro lugar, pero usted tiene que reflexionar sobre ellos cuidadosamente. Esta es la pregunta que quisiera que se hiciera usted. Dice que en Samaria Felipe predicó y sanó, y que toda la ciudad se arrepintió y creyó en Jesús después que vieron y escucharon el evangelio. Fueron bautizados en su nombre, y todavía ninguno de ellos había recibido el Espíritu.

Aquí está la pregunta que tal vez usted nunca se haya hecho: *"¿Cómo sabía alguien que no habían recibido el Espíritu?"*. Si piensa en la pregunta, todo el Nuevo Testamento se le abrirá para usted de una forma diferente. Dice que se arrepintieron, creyeron, habían sido bautizados y estaban llenos de alegría. Sin embargo, todos sabían que *no* habían recibido el Espíritu. *¿Cómo* sabían las personas? Hay una solo respuesta posible: solo si la recepción del Espíritu siempre iba acompañada por una evidencia exterior podría alguien haber sabido que no lo habían recibido. Considérelo con mucho cuidado. Recibir el Espíritu en el Nuevo Testamento siempre fue una experiencia con evidencia exterior. Siempre fue así de claro. Tal vez usted no pueda fechar cuándo se arrepintió. Tal vez no pueda fechar cuándo creyó. Pero sin duda podrá fecha cuándo fue bautizado, y ciertamente podrá fechar cuándo recibió el Espíritu. El bautismo en agua y en el Espíritu son ambos tan definidos que uno no podría tener cualquiera de ellos sin saberlo.

Consideremos el lenguaje que usa el Nuevo Testamento. Dicho sea de paso, recibir el Espíritu en la Biblia nunca se confunde con el bautismo en agua. Nunca ocurrió a una persona durante su bautismo en agua. A veces ocurrió justo antes, como Cornelio. Más frecuentemente ocurría después de su bautismo, como la mayoría de los demás. Pero nunca alguien recibió el Espíritu en el bautismo. Aun con Jesús mismo, el Espíritu Santo como una paloma vino sobre él después de su bautismo y mientras oraba. La oración es una de las cosas asociadas con recibir el Espíritu. Es necesario pedir el don además de recibirlo. Así que no es arrepentimiento, no es creer, no es bautismo; es algo separado, la cuarta cosa, que puede ocurrir rápida o lentamente. Pero, cuando ocurre, es claro. Al decir "lentamente" me refiero a que puede ocurrir inmediatamente después del bautismo o lentamente después del bautismo. Cuando dije que me llevó diecisiete años nacer de nuevo, quiero decir que me llevó diecisiete años llegar a estas cuatro cosas. Desearía que alguien me hubiera hablado de todas ellas al inicio. Podría haber tenido el paquete completo.

Creo que estoy escribiendo ahora a algunas personas que tenían la misma cantidad de años antes que tuvieran las cuatro cosas y, mirando atrás, ¿no desearía haberlas tenido todas al principio?

Dejemos de dar a las personas que se convierten uno y medio de estas cosas. Démosles lo que se ha llamado el "paquete de Pedro": arrepentirse, ser bautizados y recibir el don del Espíritu. ¿No es interesante que lo que no se menciona es la fe? Pedro lo daba por sentado, porque ya habían creído lo que él había dicho. Mirando el lenguaje utilizado, vemos que hay un montón de sustantivos que se usan para describir la recepción del Espíritu, sustantivos como *promesa*, que le dicen que esto era algo que Dios dijo que haría, y que hizo. Joel había dado la promesa, y sucedió tal cual. Está la palabra *don*, que es otro sustantivo. Está la palabra *depósito*, que es una palabra muy interesante tomada del mundo comercial. Dice que, cuando uno recibe el Espíritu, es el primer pago adelantado de lo que Dios le dará. Es su primer pedacito del cielo.

Me contaron de una iglesia en un país árabe. Un musulmán árabe dijo de esa iglesia: "Esas personas tienen un pie en el cielo". Pienso que es una hermosa descripción de una iglesia. Cuando uno recibe el Espíritu Santo, tiene un pie en el cielo. Se cantará mucho en el cielo. Justamente, cuando uno es llenado con el Espíritu Santo se encuentra haciendo melodías en el corazón. En el cielo habrá mucho amor y comunión, y justamente, cuando uno es llenado con el Espíritu hay mucho amor y comunión. Convierte una iglesia en un pequeño anticipo del cielo.

Cuando una iglesia está llena de personas que han recibido el Espíritu Santo, ¿sabe lo que piensan las personas? Entran y dicen: "Si el cielo será así, quiero ir ahí". Es un *depósito*, el primer *pago adelantado* de Dios. El resto seguirá, pero es un pedacito del cielo para que usted disfrute ahora. Es una *prenda*. Esa es otra palabra que encontrará en la Biblia al traducir esta palabra específica.

Otra palabra, otro sustantivo que se usa para la *recepción* del Espíritu Santo es *renovación*. Esta palabra ha vuelto a hacerse popular, y significa algo similar a cuando uno toma un mueble viejo y lo restaura. Lo ha renovado a su condición original. Conozco a una persona cuyo pasatiempo es renovar coches Rolls Royce de colección. No sé cuántos ha hecho, pero compra uno viejo y lo restaura a su condición original. ¡Vaya pasatiempo! Uno tiene que tener algo de dinero, creo, para hacer esto, y muchísima paciencia. La renovación es Dios restaurándolo a su condición original. ¡Solo piénselo! Aquí tiene algo que lo sacudirá, que no creerá, pero un día me verá perfecto. Dios no ha terminado conmigo aún. Pienso en el hermano en Estados Unidos que oraba: "Señor, no soy lo que tendría que ser, y no soy lo que seré, pero sin duda no soy lo que era". Me gusta eso. Ese hombre había entendido la salvación. La renovación del Espíritu Santo significa que Dios lo está restaurando a su condición original.

Todos esos son sustantivos, pero hay muchos verbos, y la Biblia prefiere los verbos a los sustantivos, porque son más dinámicos, más activos. Hay palabras como *dado* o *recibido*. Un regalo tiene que ser dado, y un regalo tiene que ser recibido. Está la palabra *bautizado*, que significa sumergido o bañado: sumergido en el Espíritu Santo. Está la palabra *llenado*, que es otra palabra para este momento de recibir: "Fueron todos llenos del Espíritu Santo". Están las expresiones *cayó, vino sobre* y *derramado sobre*.

Hay muchas palabras "líquidas" relacionadas con el Espíritu. ¿Alguna vez se fijó en eso? "Derramado sobre" y "bautizado en". Se usan esas expresiones muy fluidas. Es como nuestra palabra "aguacero". Cuando uno recibe el Espíritu Santo ocurre un aguacero. Luego está la palabra "sellado", otra palabra del mundo del comercio. Cuando una persona compraba algunos artículos ponía su sello encima antes que pudiera llevarlos todos a su casa. Estaba diciendo a los demás: "Esta propiedad es mía y me pertenece a mí". Es una marca visible de que pertenece a alguien. Somos sellados con el Espíritu Santo cuando recibimos el Espíritu Santo. Otras personas saben que ahora pertenecemos a Dios. Pueden verlo.

Otra palabra es *ungir*. Los reyes y sacerdotes del Antiguo Testamento eran ungidos con aceite, y nosotros somos un reino de sacerdotes ungidos con el Espíritu Santo, así como Jesús fue ungido con poder y anduvo haciendo buenas obras. Considere todas estas palabras. Difícilmente podría ocurrirle a alguien sin que lo supiera, ¿no es cierto? ¿Puede imaginarse a alguien metiéndose en un aguacero, ser sumergido en algo, que algo caiga encima, y no sepa que algo había ocurrido? Es casi inconcebible. Debido a que muchos cristianos hoy no saben si ha ocurrido o no, tienden a no usar nunca estas palabras. Uno puede darse cuenta si una persona sabe si ha recibido el Espíritu Santo si le resulta natural usar estas palabras del Nuevo Testamento. Si nada le ocurrió, le garantizo que no dirá: "He sido bautizado en el Espíritu Santo". Si nada ocurrió nunca, le garantizo que no dirá: "Fui lleno del Espíritu Santo". Si nada ocurrió nunca, le garantizo que no dirá: "El Espíritu Santo cayó sobre mí". Este es el tipo de lenguaje que uno solo usa con una experiencia con evidencia exterior. Usted lo sabe, y todos los demás lo saben.

Tenemos una gran pregunta ahora: *¿cómo* lo sabe uno? ¿Cuál es la evidencia externa de que una persona ha recibido el Espíritu Santo? He encontrado que la forma más fácil es comenzar con la palabra "llenado". ¿Cómo sabe uno que algo está lleno? ¿Cómo sabe cuando su tanque de combustible está lleno? Lo primero es que no puede meter nada más. Por lo general hay un desborde. Uno solo sabe que una jarra está llena cuando desborda. Solo sabe que una persona está llena cuando desborda. "De lo que ustedes estén llenos", dijo Jesús, "saldrá de su boca". Cuando el corazón está lleno de algo, es eso lo que saldrá. Cuando está lleno de tierra, será lo que saldrá de su boca. Nada que entre en su boca puede hacerlo impuro, sino lo que sale de su boca, desde su corazón. Si está lleno de alegría, se ríe. Tiene que salir por algún lado, y ese es el desborde. Cuando usted está lleno de ira, ¿por dónde sale? A veces sale de su boca, y grita. Cuando está lleno de pena, ¿qué hace? Clama. Las personas escuchan que está lleno de pena, porque desborda por su boca.

La Biblia dice que cuando uno grita "¡Abba"! es el Espíritu que da testimonio de que pertenece a Dios. Es un grito que sale, no un pensamiento o un sentimiento interior. La palabra griega es *krazo*. Es lo que uno hace cuando da un grito involuntario. Es cuando dice: "¡Ah!". ¿Alguna vez hizo eso?

Recuerdo un pescador gigantesco en las islas Shetland, donde comencé mi ministerio en 1950. Se llamaba Doherty. Se levantó en una reunión de oración con su suéter de pescador azul marino y se quedó parado con lágrimas corriendo por las mejillas, diciendo: "¡Abba! ¡Abba! ¡Abba! ¡Abba!". Años después estaba en Israel y vi a un niñito corriendo detrás de su papá, gritando: "¡Abba! ¡Abba! ¡Abba!". Mi mente volvió a Doherty. Cuando uno grita: "¡Abba!", el Espíritu está dando testimonio con el espíritu de usted de que es un hijo de Dios. Es un grito hacia afuera; no hacia adentro, sino hacia afuera. Es algo que desborda de la boca, algo que sale.

Ahora bien, podría ser varias cosas. Una de las cosas más frecuentes que menciona el Nuevo Testamento es esta palabra horrible, "lenguas". Odio la palabra en inglés-español. La palabra es *idiomas*, y Dios habla en todos los idiomas. Fue Dios quien dio los primeros idiomas en la torre de Babel, para separar a los hombres y las mujeres, para que no pudieran arreglarse sin él. Pero en el día de Pentecostés dio diferentes idiomas para volver a unir a las personas. Dado que Dios habla en todos los idiomas, no es sorprendente que, cuando lo llena, usted se encuentre hablando en un idioma que nunca aprendió. Estaba dando una charla cerca de Bristol y dije simplemente: "Ustedes pueden recibir el Espíritu donde están sentados. Simplemente pidan a Jesús que les dé su Espíritu Santo". Una ama de casa que estaba sentada en la primera fila dijo simplemente: "Jesús, lléname con tu Espíritu Santo". Y lo hizo. Abrió la boca y comenzó a desbordar en urdu, el idioma de Pakistán. Adoró a Dios de manera hermosa en urdu. Había un hombre pakistaní a unas seis sillas de donde estaba ella y saltó de la silla pensando: "Vaya, hay alguien de mi aldea aquí". Se desilusionó mucho cuando se enteró de que era una ama de casa de Bristol, aunque obtuvo algo de lo que ella dijo. Puede ser un idioma diferente, pero no tiene que ser así. Salían otras cosas de las bocas en el Nuevo Testamento.

Si alguien me dice: "¿*Debo* hablar en lenguas?", yo le diría: "Me hubiera gustado que no me hiciera esa pregunta. Me hubiera gustado que me preguntara: '¿*Puedo* hablar en lenguas?'. Porque entonces le diré que sí". Tan pronto dice: "¿Debo?", significa que es reacio, como si Dios estuviera forzándolo a hacer algo que usted no quiere. "¿Puedo?". "¡Sí, puede!". Es un don maravilloso. Es el único don del Espíritu que lo ayuda a usted. Todos los demás dones del Espíritu ayudan a otra persona. Es solo para que usted se ayude, se edifique. Pablo dijo: "Agradezco a Dios que hablo en lenguas más que todos ustedes". Ese es uno de los secretos de cómo podía soportar ser apedreado, azotado y haber naufragado. ¿Alguna vez se preguntó cómo logró manejar esas cosas? Él dijo: "Hablo en lenguas más que todos ustedes. Nunca lo uso en la iglesia, pero en privado lo hago más que nadie". Eso lo edificaba y lo fortalecía.

¡Podría ser un estallido de adoración! Oré por un misionero muy tímido y reservado, que me dijo francamente: "No sé si he recibido alguna vez al Espíritu Santo. ¿Quisiera orar por mí?". Estábamos sentados en un parque público en América Latina, con un montón de gente alrededor. Le impuse las manos y simplemente dije: "Señor Jesús, llénalo con el Espíritu Santo". Y abrió la boca y dijo: "¡Aleluya!". Todos empezaron a mirar, ¡y yo traté de fundirme en el césped, negándolo en cierto sentido por un rato!

Finalmente me volví a él y le dije: "Estoy seguro de que nunca hizo eso antes en su vida".

Contestó: "No, no lo he hecho. No soy esa clase de persona".

Entonces me dijo: "¿Es eso?".

Le dije: "Bueno, es suficiente para mí. Acabo de escucharlo desbordar".

En veinticuatro horas había sanado a dos personas, algo que nunca había hecho antes. Siempre hay un desborde de algún tipo de habla espontánea. El habla espiritual espontánea se conoce en las Escrituras como "profetizar", ya sea en la forma de un nuevo idioma o en su propio idioma. El habla espiritual espontánea que desborda de su boca es la evidencia en el Nuevo Testamento de que el Espíritu es ahora suyo.

6

SALVADO FINALMENTE

He descrito cómo es la recepción del Espíritu. Lo que ocurre, lo que puede esperar que ocurra: alguna clase de habla espiritual y espontánea que desborda de la boca. Ahora quiero preguntar: ¿*Cómo* recibieron el Espíritu? Hemos preguntado lo que ocurrió cuando lo recibieron, pero ¿cómo lo recibieron? ¿Salió simplemente de la nada, de manera inesperada, en un momento arbitrario escogido por Dios? No. La respuesta es que *buscaron* el don. No fue buscado antes del arrepentimiento, la fe y el bautismo en agua.

El único caso de que alguien recibiera el Espíritu antes del bautismo en agua fue Cornelio y su casa. Eso ocurrió simplemente porque nadie les habría dado el bautismo en agua antes de eso, así que no lo habrían tenido. Pedro no lo habría hecho, porque en ese momento no podía concebir que los gentiles pudieran formar parte de la familia de Dios. Pero tan pronto como supo que habían recibido el Espíritu, dijo: "Tenemos que bautizarlos ahora. Dios los ha aceptado, así que nosotros debemos hacerlo. Es interesante que discutió, cuando llegó a Jerusalén. Dijeron: "¿Qué hacías entrando en la casa de un gentil?". Contestó: "Escuchen, ellos recibieron el Espíritu Santo igual que nosotros". Lo cual significa que la experiencia de Cornelio no era inusual. Solo era inusual que un gentil la tuviera, pero era la misma experiencia que todos los demás. Todos recibieron de la misma forma en el Nuevo Testamento: llenados hasta desbordar.

Ahora bien, una vez que una persona se había arrepentido,

había creído y había sido bautizada, entonces buscaban el don de dos formas. Primero, *orando*. Esto es esencial para recibir el don del Espíritu. Lucas 11:13 dice: "... cuánto más su Padre celestial dará el Espíritu Santo a quienes siguen pidiendo". Jesús mismo no recibió el poder del Espíritu Santo hasta que oró por él. Se nos dice que después que Jesús salió del Jordán, luego de su bautismo en agua, mientras oraba, el Espíritu Santo, en forma corpórea, descendió sobre él como una paloma. De la misma forma, antes del día de Pentecostés los discípulos estaban pidiendo; estaban orando. Más tarde, cuando Pedro y Juan llegaron a Samaria, las personas se habían arrepentido, habían creído y habían sido bautizadas, y los apóstoles oraron por ellas para que pudieran recibir el Espíritu Santo.

La otra cosa que hicieron los apóstoles fue *imponer manos sobre las personas*, que es una forma de oración muy intensiva. Tocar a una persona cuando está orando es muy importante. Uno la toca cuando está preocupado por ella. La toca cuando quiere algo de ella. Muy frecuentemente, cuando uno visita a una persona al hospital, le sostiene la mano mientras le habla. Quiere comunicar algo físicamente. Era lo que hacían ellos. Moisés impuso sus manos sobre setenta ancianos, y ellos recibieron el Espíritu Santo y profetizaron. Así que es una forma normal, tan normal que, en Hebreos 6, el escritor dice "arrepentimiento, fe, bautismo y la imposición de manos", como si cada lector entendería a lo que se refería. Tenemos que hacer mucho más de esto luego de los bautismos.

Estuve una vez en una cruzada en Dundee. En la primera noche trabajé con un amigo, un gitano convertido que tiene un verdadero don de conocimiento. Así que yo predico y él hace el llamado, ¡y funciona así! En la primera noche hizo su llamado y dijo: "Hay un hombre que cometió adulterio en un chalet azul al lado del mar la semana pasada. Le sugiero que venga para que sea perdonado", y un hombre se presentó inmediatamente. Dijo: "Hay cuatro parejas más que se están engañando: una tiene una puerta roja en el frente, una con una puerta azul en el frente, una con una puerta verde en el frente, y una con rejas blancas alrededor de la casa", y pasaron cuatro parejas. Dijo: "Hay cincuenta y cinco personas más que necesitan arrepentirse", y se presentaron cincuenta y cinco personas más. Y eso fue solo la primera noche.

En la segunda noche dijo: "Hay personas aquí que está endeudadas, y ustedes no se dan cuenta de que la deuda es un pecado. Necesita ser perdonado y requiere un arrepentimiento, y debe ser solucionado". Encontramos que más de las dos terceras partes de la congregación estaba endeudada. Comenzaron a arrepentirse por esto y a averiguar cómo podían salir de las deudas. Tuvimos arrepentimientos durante tres noches. En la cuarta noche abrimos el bautisterio. Había una piscina en el edificio de la iglesia y estuvimos ahí bautizando personas en agua hasta la medianoche. Mientras se bautizaban, después que salían del agua, les impusimos las manos y recibieron el Espíritu Santo. Fue una cruzada maravillosa. El único problema fue que llegamos al final de la semana y no nos dimos cuenta que no habíamos mencionado la fe, pero había estado ahí todo el tiempo. Habíamos estado trabajando duro en el arrepentimiento, el bautismo en agua y el bautismo en el Espíritu.

Prediqué en una iglesia presbiteriana irlandesa. Pensé, cuando entré y vi mil rostros calvinistas, que nada ocurriría; parecían personas duras. Pero comenzaron a ocurrir cosas. Se sanaron personas durante el culto. El pastor me llamó después y dijo que había bautizado a treinta y cinco de sus miembros, incluyendo un anciano, y que la mayoría había salido del agua y estaban hablando un nuevo idioma. Él estaba exultante. Otro pequeño efecto secundario: el líder de los masones locales quemó su delantal. Realmente me gusta cuando pasan cosas así. ¿A usted no? Cosas reales.

Oraron e impusieron las manos. El mejor momento para hacer esto, que era cuando lo hacían en el Nuevo Testamento, era al principio de la vida del cristiano. He encontrado que es el mejor momento, porque las personas que recién llegan a Cristo están completamente abiertas a todo, y no tienen temores e inhibiciones. Cuanto más tiempo un cristiano esté sin ese don, más difícil resulta y más inhibiciones y temores aparecen. El problema es que algunos que me escuchan enseñar sobre esto están muy preocupados por su propia condición espiritual. Lo que estoy tratando de transmitir es que, no importa lo que le pase a usted, no prive a los nuevos conversos de estas cuatro cosas.

Esa es mi preocupación; no tanto los cristianos viejos como los nuevos bebés. Por favor comparta esa preocupación. Pero me temo que en cada lugar donde enseño estas cuatro cosas las personas vienen y dicen: "Bueno, y ¿qué pasa conmigo?". Sí, algunos no están funcionando con los cuatro cilindros. Algunos van y se bautizan. Algunos piden a sus líderes que les impongan las manos y oren por ellos hasta recibir este don. Algunos se arrepienten de cosas. En una reunión el Señor me dijo que había una pareja que estaba viviendo junta y no estaba casada. Lo bueno que fueron los primeros en salir después y confesarlo, arrepentirse, separarse y planificar una boda como corresponde a los ojos de Dios. Me gusta cuando ocurre esto. Eso es real, donde vamos a lo concreto.

Ahora, suponga que usted oró por alguien con imposición de manos, y la persona no recibió el don. ¿Cómo sigue a partir de ahí? Hay una serie de posibles razones por las que puede no haberlo recibido. Primero, tal vez no se arrepintió plenamente. Eso debe ser verificado primero. Segundo, tal vez no haya actuado en fe hacia el Señor aún. Tal vez haya que verificar eso. Tercero, tal vez no haya sido bautizado en el nombre del Señor Jesús en agua. Así que lo primero que uno tiene que hacer cuando alguien no recibe el don es verificar los pasos uno, dos y tres. Pero tal vez encuentre que todos esos están perfectamente bien. Entonces uno comienza a preguntar: "¿Sabe qué cosa esperar?". Algunas personas nunca han visto a otras recibir el Espíritu, y no saben qué esperar.

Otro problema es que algunas personas no saben cómo recibir. Un don debe ser recibido, y recibir no es pasivo, sino activo. Usted nunca tendrá el don de un nuevo idioma hasta que hable. El día de Pentecostés todos fueron llenos del Espíritu Santo y comenzaron a hablar. No dice: "él empezó a hablar a través de ellos". Dice: "comenzaron a hablar". Usted nunca sanará a una persona hasta que la sane. Uno no sabe que tiene un don hasta que lo usa. No sabe si tiene un don musical hasta que se sienta al piano y golpea las teclas. Entonces descubrirá si no lo tiene, y también si lo tiene. Usted no sabrá qué tiene hasta que lo intenta, hasta que lo usa. Algunas personas han intentado simplemente balbucear, por ejemplo. Eso no es el don de lenguas, pero a veces las ayuda a superar la inhibición de escuchar sonidos extraños que salen de su boca. Entonces, antes que se den cuenta, están hablando claramente en un idioma con sintaxis y gramática.

Usted recibe haciendo activamente lo que está pidiendo. Pedro no supo que podía caminar sobre el agua hasta que dio un paso fuera del barco. No servía quedarse sentado en el barco diciendo: "Estoy orando por el don de caminar sobre el agua, y no saldré del barco hasta que sepa que tengo del don de caminar sobre el agua". Nada habría ocurrido. Tuvo que intentarlo. Tuvo que dar un paso y hacerlo. Esta es una recepción activa del don. Pero he encontrado que, en muchos cristianos más viejos, se han acumulado temores, especialmente en Inglaterra, donde nos aterran las emociones y existe el temor de perder el autocontrol y de lo que piensan los demás. Hay toda clase de temores.

Uno de los problemas más profundos que he encontrado para recibir este don son las personas que han tenido una falsa enseñanza en una de dos direcciones. Algunas comunidades han enseñado a sus miembros: "Si reciben las lenguas, vienen de Satanás", y surge la inhibición. Esa enseñanza se aproxima al pecado imperdonable, que no es cometido por personas afuera de la iglesia sino por las que están adentro. El pecado imperdonable es llamar. a la obra del Espíritu Santo, la obra de Satanás. Tenga mucho cuidado antes de decir jamás que algo es de Satanás. Pero si se le ha dicho eso a alguien, el temor que produce es enorme. Jesús sabía que tendríamos esa clase de temor y dijo: "¿Quién de ustedes que sea padre, si su hijo le pide un pescado, le dará en cambio una serpiente? ¿O, si le pide un huevo, le dará un escorpión? Pues, si ustedes, aun siendo malos, saben dar cosas buenas a sus hijos, ¡cuánto más el Padre celestial dará el Espíritu Santo a quienes se lo pidan!" (Lucas 11:11-13).

Nunca tenga temor de que el Padre le dará la cosa errónea. Las únicas personas que tienen que temer una lengua de Satanás son los que se han metido en el ocultismo y no se han arrepentido de esto plenamente.

El otro temor que se debe a una falsa enseñanza es la enseñanza de que todas estas cosas sobrenaturales no son para hoy, que pertenecen a los días del Nuevo Testamento, los días de los apóstoles, y ya han dejado de ser. ¡Pamplinas! Esos dones nunca dejan de ser. Tal vez haya oído de San David de Gales. Cuando fue escogido obispo partió hacia Jerusalén. Quería ser un obispo consagrado en Jerusalén para recibir una unción especial en la ciudad santa. Le llevó nueve meses caminar hasta ahí. Pero solo llegó a una parte del camino. Llegó a Lyon, Francia, y ahí, dice en su diario (los monjes que lo acompañaron tenían un diario): "El santo Padre David llegó a Galia. Y allí el santo Padre David fue bautizado en el Espíritu Santo y habló en otras lenguas como en los días de los apóstoles".

Me encanta decir a los galeses que San David era un carismático. Ellos creen que el pentecostalismo comenzó en 1904, pero el obispo David pertenece al siglo VI, y él sabía acerca de todo esto, como muchos otros han sabido a lo largo de los siglos. Pero es asombroso cuántos han sido enseñados, a menudo entre los Hermanos Libres, que conocen tan bien su Biblia, pero no la conocen toda. Se les ha enseñado que esto era para los primeros días de la iglesia, y no para nosotros hoy. Así que las personas piensan: "Si no es para hoy, ¿por qué tendría que pedirlo?". Se nos ordena desear los dones del Espíritu. La única forma de codicia que se le permite al cristiano, la única forma de codicia que se ordena al cristiano, es codiciar los dones que tienen otros. ¿Los quiere para usted? Siga queriéndolos y codícielos hasta que los tenga. Eso es una orden del Señor.

Esos son algunos de los problemas con los que nos encontramos. Pero el temperamento nacional es un problema enorme. Era cierto en el pasado que a los británicos no les gusta mostrar cosas: "No dejes que nadie sepa lo que estás sintiendo". Una de las cosas que he notado es que, un hombre tras otro que ha recibido el Espíritu ha aprendido a llorar nuevamente, por primera vez desde que eran niños. Jesús era un hombre que podía llorar. Es una señal de hombría poder llorar además de reír. He notado, vez tras vez, que el Espíritu Santo libera emociones inhibidas. No causa emocionalismo, sino libera tensiones, y podríamos tener temor de eso. ¿Por qué tener temor de demostrar sus sentimientos? Hace que la adoración sea mucho más interesante, y Dios lo disfruta más cuando lo dejamos ver cómo nos sentimos, en cambio de solo decírselo.

La otra gran inhibición es que la tradición evangélica

no ha incluido los dones del Espíritu. La razón es que la tradición evangélica se retrotrae a la Reforma. En la Reforma redescubrieron a Jesucristo. No redescubrieron al Espíritu Santo, y esto nos ha dejado con una especie de idea extraña de la Trinidad. Alguien ha dicho: "La trinidad católica es Padre, Hijo y Virgen María, pero la trinidad protestante es Padre, Hijo y Sagradas Escrituras". Es trágicamente cierto que muchos evangélicos conocen más la Biblia que el Espíritu Santo. ¿Qué pensaría si alguien conociera mejor sus cartas que a usted, e igualmente le dijera que lo ama? Usted debería conocer al Espíritu Santo mejor que la Biblia, porque la persona es más importante que el libro, y nuestra trinidad es Padre, Hijo y Espíritu Santo.

Volvamos a la teología ahora, para tocar un tema profundo que ha estado debajo de la superficie todo el tiempo. Es aquí donde tenemos que hacer algo muy duro, que es desaprender algo. He encontrado que aprender es relativamente fácil, aunque a medida que envejezco no es tan fácil como solía ser, pero *des*aprender es más difícil que nunca. ¿Sabe a lo que me refiero? Cambiar la forma de pensar sobre algo. Todos hemos crecido bajo la predicación, bajo cierta enseñanza, que hemos supuesto que es correcta, pero cuando miramos en la Biblia tal vez encontramos que no está del todo bien. Así que tenemos que desaprender. Me parece emocionante que aún encuentro cosas nuevas en la Biblia que nunca vi antes. Es emocionante, a menos que tenga miedo de las cosas nuevas.

Usted debe conocer la típica "oración del pecador" que se usa en la mayoría de las actividades de evangelización. Aquí tiene una típica, que se usa ampliamente: "Señor Jesús, sé que soy un pecador. Creo que moriste por mis pecados. Ahora mismo me vuelvo de mis pecados y abro la puerta de mi corazón y de mi vida. Te recibo como mi Señor y Salvador personal. Gracias por salvarme. Amén". Es sumamente inadecuado. Repasemos solo las cuatro cosas.

¿Qué hay en esta oración que sea *arrepentimiento*? Bueno, dice: "Me vuelvo de mis pecados". Pero ¿de qué pecados se está volviendo la persona? No se hace ninguna mención. Recuerde que el arrepentimiento es específico.

Hay *fe* aquí, pero no dice: "Creo en ti, Jesús", sino dice: "Te recibo", que hemos visto que pone a la persona en el camino equivocado. No hay nada aquí sobre el *bautismo en agua* en absoluto. No hay nada sobre *recibir el Espíritu Santo*. Si escucha con cuidado, ni siquiera es mencionado Dios. Uno se arrepiente hacia Dios, no hacia Jesús. Uno se arrepiente hacia el que ha lastimado y cuyas leyes ha quebrantado. Así que es seriamente inadecuado. Luego, después de haber dado solo uno y medio de los pasos, hace que la persona diga: "Y ahora, gracias por salvarme", como si ahora fuera salva. Lamento si esto suena crítico, pero esa oración ha sido usada con la mayoría de las personas que toman decisiones por Cristo en el mundo occidental, y les ha dado uno y medio de los cuatro pasos que constituyen el nuevo nacimiento en el Nuevo Testamento.

Significa que muchas personas están siendo pasadas a las iglesias como "nacidas de nuevo" cuando difícilmente hayan nacido de nuevo, cuando están medio nacidas de nuevo. Necesitan muchísimo más para ayudarlas. Si ya se les ha dicho que "son salvas", es difícil mostrarles, por ejemplo, que el bautismo en agua forma parte de ser salvo o que recibir el Espíritu forma parte de ser salvo. Pero el verdadero problema —y es aquí donde llego al problema teológico y la raíz más profunda que hemos estado eludiendo— es: ¿qué significa la oración cuando dice: "Gracias por salvarme"? ¿Qué significa ser salvo? Cuando alguien me pregunta: "¿Necesito ser bautizado para ser salvo?", me limito a contestar con otra pregunta: "¿Salvo de qué?". Porque eso altera toda la pregunta.

Una visión del significado de "salvo" es "salvo del infierno".

Ese es el entendimiento más común de lo que significa ser salvo. No es el entendimiento del Nuevo Testamento. Ha venido del avivamentismo estadounidense. Significa que las personas escuchan el evangelio principalmente como una salida de incendios, una póliza de seguro para el próximo mundo. Escuchan a los predicadores decir algo como: "Si usted muere esta noche, ¿estará en el cielo o en el infierno?". Esa no era forma en que predicaban los apóstoles. Estaban más preocupados por la pregunta: "Si usted vive mañana, ¿estará viviendo en el reino de la luz o en el reino de las tinieblas?". Predicaban un evangelio no de ser salvos del infierno sino de ser rescatados de los pecados. Jesús no vino para salvarnos del infierno; eso es una bonificación adicional. Tiene el nombre "Jesús" porque vino a salvarnos de nuestros pecados. No es un salvador del infierno sino un salvador del pecado. Es el Cordero de Dios, que vino para hacer ¿qué cosa? Para quitar los pecados del mundo. *No solo para pagar el precio por ellos, sino para quitarlos*. Hasta tanto esos pecados hayan sido quitados de su vida, usted no es plenamente salvo. No ha sido rescatado. Esto solo tiene que ver con ser salvado de algo. Nos preocupa no solo ser "salvados de" sino ser "salvados para" la santidad, una vida santa y ser salvados para el servicio. En otras palabras, Dios está en el negocio (para usar una expresión moderna) de reciclar a las personas. ¿Qué es reciclar? Es rescatar. Es tomar lo que se tiraría como basura y convertirlo en algo útil nuevamente. Eso es la salvación. No es solo un boleto al cielo y una escapatoria del infierno. Es ser rescatado, reciclado, restaurado a la imagen original, de forma que nuevamente pueda amar y servir a Dios. Eso es la salvación, y no hay nadie que sea salvo. Todos estamos *siendo salvados*.

En otras palabras, la salvación es un proceso que ha comenzado, pero que aún no está completo. Así que no puedo decir que soy salvo. Puedo decir que he comenzado a ser salvo, estoy siendo salvado. Dios quiere completar la obra que ha comenzado, y un día seré completamente salvo. Por ejemplo, la próxima vez que algunas personas que he conocido me vean, tendré treinta y tres años de edad, porque mi cuerpo será redimido. Será hecho como el cuerpo glorioso de Jesús, que entiendo que está en la flor de la edad. Jesús no es como un anciano pensionado que anda tambaleando. Tiene treinta y tres años. Esa es su edad, y yo seré como él. No veo el momento de volver a tener treinta y tres años. Estoy siendo salvado, y el exterior mío no ha sido salvado aún. No todo el interior está salvo aún. No soy lo que debería ser, y no soy lo que seré, pero no soy lo que fui. Estoy en el proceso de ser salvado. No estoy siendo salvado solamente de algo, sino estoy siendo salvado para algo. La Biblia no dice que Dios puede salvarnos "de" lo peor. Él dice que puede salvarnos "para" lo mejor. Él puede completar lo que ha comenzado.

Llevémoslo un poco más lejos. Este tipo de evangelio está interesado en hacer que las personas crucen la línea, de no cristianos a cristianos, de "no salvos" a "salvos". Le preocupa que la gente pase por encima de la línea; ese es el pensamiento. Pero en el Nuevo Testamento la salvación es llamada "el Camino", y alguien que está en el camino es llamado un "discípulo". Jack Hayford tiene una iglesia en Estados Unidos llamada "The Church on the Way" (La iglesia en el camino). Me encanta eso. No la iglesia que tiene todo o la iglesia que ha llegado, sino la iglesia en el camino. Nuestra meta en la evangelización no es lograr que las personas crucen la línea, sino ponerlas en el Camino. Y llevará toda una vida hacer un discípulo.

Jesús no nos dijo que fuéramos a conseguir decisiones, sino dijo que fuéramos a hacer discípulos, enseñándoles a guardar "todo lo que les he ordenado". El objetivo de nuestra evangelización es hacer discípulos. La justificación es solo el camino a la santificación. Un punto de vista dice que uno llega a Jesús como su Salvador. El otro, que uno viene a Jesús como su Salvador y *también* como su Señor, y uno no puede aceptarlo como Salvador sin aceptarlo como Señor. ¿Está empezando a ver la diferencia aquí, en los tipos de evangelio que se predican? Si usted predica un tipo de evangelio, dice: "Todo lo que tiene que hacer es creer", con tal vez algo de arrepentimiento incluido. Pero si predica este otro evangelio usted dice: "Arrepiéntase, crea, bautícese y reciba". El bautismo en agua y en el Espíritu tiene poco que ver con ser salvado del infierno. ¿Entiende? Si su objetivo es exclusivamente escapar del infierno, no le encontrará sentido al bautismo en agua o en el Espíritu. Pero si su objetivo es ser rescatado de sus pecados y volver a ser útil para Dios, y ser salvado de esa forma, entonces necesitará esas cosas.

Llevémoslo más lejos. Un tipo de persona solo está interesada en el *mínimo* que se necesita para escapar del infierno. La otra clase de persona es lo que llamo un "cristiano *máximo*", que quiere todo lo que Dios puede darle para vivir bien. Entonces, ¿qué clase de cristianos produciremos? ¿"Cristianos mínimos", que tienen un boleto para el cielo? ¿O produciremos cristianos que quieren ser restaurados a su condición original, en la cual Dios puede volver a usarlos porque ya no se están echando a perder? En otras palabras, ¿de qué quieren ser salvadas las personas: del infierno o de sus pecados? Ahora bien, cualquier persona es necia si no quiere ser salvada del infierno. Si esto es todo lo que tenemos para ofrecer, no veo cómo alguien pueda rehusar tomar una decisión. Pero encuentro que esta es una oferta de otra clase: ¿Quiere despedirse de sus pecados? ¿Quiere ser libre de esos malos hábitos? ¿Quiere volver a vivir bien? He descubierto que, muy en lo profundo, las personas quieren vivir vidas mejores.

Consiguieron que apareciera en la televisión de Canadá

(en la cadena principal), y el productor dijo temerariamente: "David, puede hablar de lo que quiera por veinte minutos. ¿De qué le gustaría hablar?".

Contesté: "Me gustaría hablar del reino de Dios".

Se le demudó el rostro y dijo: "Bueno, este es un canal comercial. Tenemos que asegurarnos de que la gente siga conectada. Tenemos que mantenerlas interesadas".

Dije: "No me importa si siguen conectados o no. Usted dijo que yo podía hablar durante veinte minutos sobre el tema que quisiera". ¡Desearía que la BBC me dijera eso alguna vez! Así que hablé durante veinte minutos sobre el reino de Dios. Había teléfonos en el estudio para que la gente llamara.

La primera llamada entró y la voz de una mujer dijo: "He estado mirando su programa. Soy una 'hooker'". Tal vez no sepa lo que es eso. En Canadá significa prostituta. Luego dijo: "He estado mirando su programa en Yonge Street, Toronto" (en la zona roja). "Tengo que hacer una pregunta".

Dije: "¿Cuál es su pregunta?".

Todavía estábamos con la cámara prendida, y dijo: "¿Cómo puedo entrar en ese reino?".

"¿Por qué quiere entrar?".

Dijo: "Es hora de arreglar mi vida".

Pensé: "¡Aleluya! Estamos predicando el mismo evangelio que Jesús". Porque cuando él predicaba sobre el reino, las prostitutas querían entrar. Usted se podrá dar cuenta rápidamente si su pastor está predicando el evangelio correcto; vea quiénes están intentando entrar. ¡Esa es una prueba! Pero es una buena noticia para las personas. El cristianismo no está diciendo a las personas: "Usted *debe* vivir bien", sino: "Usted *puede* vivir bien". Lo puede hacer, porque todo es una oferta.

La diferencia entre el cristianismo y todas las demás religiones es la siguiente: todas las demás dicen primero la santificación y luego la justificación. Arregle su vida primero, viva una vida santa primero y al final Dios lo aceptará. La buena noticia del evangelio de Jesús es que es al revés en el cristianismo. Solo en el cristianismo Dios lo justifica antes de santificarlo. Él lo acepta como su hijo o hija adoptados y luego arregla su vida. No dice: "Cuando usted haya arreglado su vida, lo adoptaré". Dice: "Te adoptaré ahora". Pero solo nos justifica para santificarnos. Es un punto importante. Solo nos perdona para que podamos vivir bien. A la mujer tomada en adulterio le dijo: "Ni yo te condeno, pero no vuelvas a hacerlo". El mensaje ahí es: "No vuelvas atrás. Te he perdonado para que puedas vivir bien". Esa mujer, si vivió bien, volvería a ser útil para Dios. Podría amar al Señor.

¿Qué evangelio predicaremos: una póliza de seguro para la muerte, o una nueva vida que llevará directamente al cielo, una santidad que llevará a la felicidad? La mayoría de las personas lo quieren al revés. La mayoría quiere felicidad aquí y santidad después. Hagámoslo en el orden que corresponde. Es que los que dicen que "salvado" simplemente es estar "a salvo" no sabrán dónde encaja el bautismo en agua y el Espíritu. Le dirán que todo lo que necesita hacer es creer, entonces tiene su boleto, y es todo. *Pero la salvación es un proceso*. Comienza con la justificación, cuando Dios lo acepta y lo perdona. Sigue con la santificación, donde lo hace santo. Continúa con la glorificación, cuando le da un nuevo cuerpo y lo pone en una nueva tierra y un nuevo cielo, y todo vuelve a ser puesto a su condición original. Me estoy emocionando mucho yo mismo ahora. ¡Qué perspectiva! Esa es la salvación completa.

Solo estoy siendo salvado, y necesito las cuatro cosas básicas para ser rescatado. Un evangelio "seguro" no necesita esas cuatro cosas, pero un evangelio "rescatado" sí. La palabra "rescatar" está más cerca de la palabra "salvación" que la palabra "salvar". El deseo de Dios es rescatarnos, restaurarnos a la imagen de su Hijo. Eso llevará años, pero Dios nunca deja el trabajo a medias. Al seguir creyendo, sigue haciendo el trabajo a medida que somos restaurados día a día, hasta que un día usted y yo tendremos el mismo aspecto que Jesús. Pero estamos siendo rescatados, no puestos a salvo.

Por supuesto, esto plantea la pregunta con la que he tratado en mi libro *Una vez salvo, ¿siempre salvo?* El problema es que las personas quieren sentirse a salvo lo más rápidamente posible. Pero tiendo a sentir que John Bunyan lo entendió bien. Al final del viaje, uno de los amigos de Peregrino cayó. Bunyan escribió: "Entonces percibí que había un camino al infierno aun desde las puertas del cielo". Tenemos que tomar muy en serio las advertencias de cada escritor en el Nuevo Testamento de que es posible perder. Hebreos 6 es uno de los pasajes más conocidos, y lo que el escritor de la epístola dice ahí no tiene nada que ver con la pregunta "¿Puede uno perder la salvación?", sino está encarando la pregunta: "Si uno pierde la salvación, ¿puede recuperarla?". Su respuesta es: "No".

Jesús dijo que, si la sal pierde su sabor, ¿cómo podrá volver a estar salada? ¿Sabía usted que dos millones y medio de personas salieron de Egipto, y solo dos de esas personas entraron en Canaán? Dos y medio millones emprendieron el viaje para llegar, y ese incidente es usado por tres escritores diferentes del Nuevo Testamento como una advertencia para los cristianos: uno puede partir, pero eso no garantiza que llegue. Pero *sigan creyendo, porque él puede guardar lo que usted le ha confiado*. Es muy interesante que, cada vez que la Biblia dice: "Dios puede guardarlo a usted", en el contexto hay otro versículo que dice: "Guárdelo usted". Por ejemplo, en Judas, el anteúltimo versículo dice: "El puede guardarlos para que no caigan", pero tres versículos antes dice: "manténganse en el amor de Dios". Hay dos lados en el guardar: *siga confiando y él sigue sosteniendo*. Es un proceso de salvación, y me atrevo a decir que ninguno de nosotros está a salvo hasta que estemos parados en gloria, cuando seremos salvos. Necesitamos toda la ayuda que podamos para continuar, para seguir confiando, para avanzar, manteniendo nuestros ojos fijos en Jesús.

Esa es la razón por la que, cuando ha llevado a un nuevo converso a través de estos cuatro pasos, ha *comenzado*. La persona no ha llegado, pero ha emprendido el viaje desde la plataforma de partida correcta. Deberá ser puesto en una familia. Todo bebé necesita una familia feliz donde pueda crecer y ser entrenado. Porque los bebés son ruidosos, son sucios, necesitan mucha atención, y necesitan tomar leche cada tanto. Algunas iglesias son tan de edad mediana que no quieren bebés espirituales, porque los bebés espirituales con ruidosos, porque los bebés espirituales se ensucian constantemente, y los bebés espirituales necesitan mucha leche y no mucha carne, y los bebés espirituales necesitan muchísima atención. Pero ore a Dios para que usted se encuentre en una iglesia a la que le gusta tener bebés y sabe cómo criarlos, y les enseña cómo seguir confiando y cómo seguir guardando todo lo que Jesús nos enseñó, hasta que finalmente podamos presentar a cada persona madura en Cristo Jesús. Esta serie de estudios solo tiene que ver con el inicio de la vida cristiana, pero tenemos que mantener nuestros ojos en el final.

Una última palabra. Dios puede haberle dicho que usted no tiene las cuatro cosas básicas. Mi consejo es: no deje que eso lo desanime, no deje que lo desaliente. No diga: "Dios mío, no siento que sea un cristiano en absoluto". Al diablo le encantaría que usted se sintiera así. Sepa esto: usted es un discípulo, está en el camino. Todo lo que me gustaría decirle es que no descanse en el lugar que se encuentra. Vaya en busca de las otras cosas que no tiene hasta que las encuentre. Téngalo todo. No sea un "cristiano mínimo".

Salvado finalmente

No diga: "Bueno, me arreglaré con lo que tenga". Diga: "Quiero más". Siempre hay más. Y si piensa que lo tiene todo, no lo tiene. La peor clase de cristianos con los cuales tratar son quienes piensan que han llegado. Pero los que saben que están en el camino siempre quieren más. Así que salga y tenga bebés, haga que nazcan bien, sea una buena partera, y luego cuídelos dentro de la familia de Dios hasta que hayan alcanzado la medida completa de la estatura de Jesús, y haya sido rescatados y restaurados a la imagen de Dios original que estaba en ellos.

Notas

[1] La expresión en inglés "slain in the Spirit" (muerto en el Espíritu) es usada en ambientes pentecostales y carismáticos para describir la experiencia de caer al piso ante la oración o imposición de manos de una persona.

[2] La palabra en inglés para "cuáquero" es "Quaker", que significa alguien que tiembla (quake).

[3] "Hell's Angels" significa en inglés "los ángeles del infierno".

[4] En el video, David hace el gesto de levantar el auricular y discar en un teléfono.

ACERCA DE DAVID PAWSON

David es un orador y autor con una fidelidad intransigente a las Sagradas Escrituras, que trae claridad y un mensaje de urgencia a los cristianos para que descubran los tesoros ocultos en la Palabra de Dios.

Nació en Inglaterra en 1930, y comenzó su carrera con un título en Agricultura de la Universidad de Durham. Cuando Dios intervino y los llamó al ministerio, completó una maestría en Teología en la Universidad de Cambridge y sirvió como capellán en la Real Fuerza Aérea durante tres años. Pasó a pastorear varias iglesias, incluyendo Millmead Centre, en Guildford, que se convirtió en modelo para muchos líderes de iglesia del Reino Unido. En 1979 el Señor lo llevó a un ministerio internacional. Su actual ministerio itinerante está dirigido principalmente a líderes de iglesia. David y su esposa Enid viven actualmente en el condado de Hampshire, Inglaterra.

A lo largo de los años ha escrito una gran cantidad de libros, folletos y notas de lectura diarias. Sus extensas y muy accesibles reseñas de los libros de la Biblia han sido publicadas y grabadas en "*Unlocking the Bible*" (*Abramos la Biblia*). Se han distribuido millones de copias de sus enseñanzas en más de 120 países, proveyendo un sólido fundamento bíblico.

Es considerado como "el predicador occidental más influyente de China" a través de la transmisión de su exitosa serie "*Unlocking the Bible*" a cada provincia de China por Good TV. En el Reino Unido, las enseñanzas de David se transmiten habitualmente por Revelation TV.

Incontables creyentes de todo el mundo se han beneficiado también de su generosa decisión en 2011 de poner a disposición sin cargo su extensa biblioteca audiovisual de enseñanza en www.davidpawson.org. Hemos cargado también hace poco todos los videos de David a un canal dedicado en **www.youtube.com**

VEA EN YOUTUBE
www.youtube.com/user/DavidPawsonMinistry

LA SERIE EXPLICANDO
VERDADES BIBLICAS EXPLICADAS SENCILLAMENTE

Si usted ha sido bendecido al leer, ver o escuchar este libro, hay más disponibles en la serie. Por favor regístrese y descargue más libritos visitando **www.explicandoverdadesbiblicas.com**

Otros libritos en la serie *Explicando* incluirán:
La historia asombrosa de Jesús
La unción y la llenura del Espíritu Santo
La resurrección: *El corazón del cristianismo*
El estudio de la Biblia
El bautismo del Nuevo Testamento
Cómo estudiar un libro de la Biblia: Judas
Los pasos fundamentales para llegar a ser un cristiano
Lo que la Biblia dice sobre el dinero
Lo que la Biblia dice sobre el trabajo
Gracia: ¿*Favor inmerecido, fuerza irresistible o perdón incondicional?*
¿Eternamente seguros?
Tres textos que suelen tomarse fuera de contexto:
Explicando la verdad y exponiendo el error
LaTrinidad
La verdad sobre la Navidad

Tambien nos encontramos en proceso de preparar y subir estos libritos que puedan ser comprados como copia impresa de:

www.amazon.co.uk o **www.thebookdepository.com**

ABRAMOS LA BIBLIA

Una reseña única del Antiguo y el Nuevo Testamento del internacionalmente aclamado orador y autor evangélico David Pawson. *Abramos la Biblia* abre la palabra de Dios de una forma fresca y poderosa. Pasando por alto los pequeños detalles de los estudios versículo por versículo, expone la historia épica de Dios y su pueblo en Israel. La cultura, el trasfondo histórico y las personas son presentados y aplicados al mundo moderno. Ocho volúmenes han sido reunidos en una guía compacta y fácil de usar que cubren el Antiguo y el Nuevo Testamento en una única edición gigante. El Antiguo Testamento: *Las instrucciones del fabricante* (Los cinco libros de la Ley), *Una tierra y un reino* (Josué, Jueces, Rut, 1-2 Samuel, 1-2 Reyes), *Poesías de adoración y sabiduría* (Salmos, Cantares, Proverbios, Eclesiastés), *Declinación y caída de un imperio* (Isaías, Jeremías y otros profetas), *La lucha por sobrevivir* (1-2 Crónicas y los profetas del exilio) – El Nuevo Testamento: *La bisagra de la historia* (Mateo, Marcos, Lucas, Juan y Hechos), *El decimotercer apóstol* (Pablo y sus cartas), *A la gloria por el sufrimiento* (Apocalipsis, Hebreos, las cartas de Santiago, Pedro y Judas).

JESÚS
LAS SIETE
MARAVILLAS
DE SU
HISTORIA

Este libro es el resultado de toda una vida de contar "la más grande historia jamás contada" por todo el mundo. David la volvió a narrar a varios cientos de jóvenes en Kansas City, EE.UU., que escucharon con un entusiasmo desinhibido, "twiteando" por Internet acerca de este "simpático caballero inglés" mientras hablaba.

Tomando la parte central del Credo de los Apóstoles como marco, David explica los hechos fundamentales acerca de Jesús en los que está basada la fe cristiana de una forma fresca y estimulante. Tanto los cristianos viejos como nuevos de beneficiarán de este llamado a "volver a los fundamentos", y encontrarán que se vuelven a enamorar de su Señor.

OTRAS ENSEÑANZAS
POR DAVID PAWSON

Para el listado más actualizado de los libros de David ir a: **www.davidpawsonbooks.com**

Para comprar las enseñanzas de David ir a: **www.davidpawson.com**